essentials

essentials liefern aktuelles Wissen in konzentrierter Form. Die Essenz dessen, worauf es als „State-of-the-Art" in der gegenwärtigen Fachdiskussion oder in der Praxis ankommt. *essentials* informieren schnell, unkompliziert und verständlich

- als Einführung in ein aktuelles Thema aus Ihrem Fachgebiet
- als Einstieg in ein für Sie noch unbekanntes Themenfeld
- als Einblick, um zum Thema mitreden zu können

Die Bücher in elektronischer und gedruckter Form bringen das Fachwissen von Springerautor*innen kompakt zur Darstellung. Sie sind besonders für die Nutzung als eBook auf Tablet-PCs, eBook-Readern und Smartphones geeignet. *essentials* sind Wissensbausteine aus den Wirtschafts-, Sozial- und Geisteswissenschaften, aus Technik und Naturwissenschaften sowie aus Medizin, Psychologie und Gesundheitsberufen. Von renommierten Autor*innen aller Springer-Verlagsmarken.

Weitere Bände in der Reihe http://www.springer.com/series/13088

Birgit Schenk · Claudia Schneider

Innovative Services und Prozesse für Kommunen

Wie mit innovativer Prozessmodellierung die öffentliche Verwaltung bürgernäher und digitaler werden kann

Birgit Schenk
Hochschule für öffentliche Verwaltung
und Finanzen Ludwigsburg
Ludwigsburg, Deutschland

Claudia Schneider
Hochschule für öffentliche Verwaltung
und Finanzen Ludwigsburg
Ludwigsburg, Deutschland

ISSN 2197-6708   ISSN 2197-6716   (electronic)
essentials
ISBN 978-3-658-34090-2   ISBN 978-3-658-34091-9   (eBook)
https://doi.org/10.1007/978-3-658-34091-9

Die Deutsche Nationalbibliothek verzeichnet diese Publikation in der Deutschen Nationalbibliografie; detaillierte bibliografische Daten sind im Internet über http://dnb.d-nb.de abrufbar.

Lektorat: Rolf-Günther Hobbeling
Springer Gabler ist ein Imprint der eingetragenen Gesellschaft Springer Fachmedien Wiesbaden GmbH und ist ein Teil von Springer Nature.
Die Anschrift der Gesellschaft ist: Abraham-Lincoln-Str. 46, 65189 Wiesbaden, Germany

Was Sie in diesem *essential* finden können

- Die Methodik der innovativen Prozessmodellierung zur Entwicklung und Gestaltung von Services inklusive der Schnittstellen zum Bürger und dahinterliegenden digital transformierten Geschäftsprozessen für die öffentliche Verwaltung
- Eine bürgerzentrierte und mitarbeiterorientierte schrittweise Anleitung zur Umsetzung der Methodik
- Erfolgsfaktoren zum Sicherstellen der Neugestaltung
- Anwendungsbeispiele aus der Praxis, die den Einsatz der Methodik veranschaulichen

Vorwort

Kommunen sehen sich zunehmend gefordert, ihre Geschäftsprozesse zu digitalisieren. Üblicherweise wählen sie dabei die klassische Vorgehensweise und gehen von der Erhebung und Optimierung der Ist-Prozesse aus. Wirklich digital transformierte Geschäftsprozesse, die innovativ sind und auch neue Geschäftsmodelle[1] beinhalten, werden durch diese Vorgehensweise nicht unterstützt. In der Konsequenz bleiben disruptive Entwicklungssprünge aus und die notwendigen zukunftsfähigen Innovationen und sogar Modernisierung bleibt auf der Strecke. Wird die Organisation ganzheitlich betrachtet, begrenzende Paradigmen aufgehoben, der Blick für zukünftige Entwicklungen geöffnet und an den aktuellen Möglichkeiten der Technologie angesetzt, dann wird Innovation möglich und hat auch Aussicht auf Erfolg.

Dieser Erkenntnis trägt das Vorgehen der **innovativen Prozessmodellierung** Rechnung. Sie zeigt, wie ein Geschäftsprozess beim Bürger beginnend und endend durchdacht wird und dass bei allen Bearbeitungsschritten an den Möglichkeiten der Technologie anzusetzen ist. Sie integriert den anwenderorientierten Ansatz des Design Thinking, der sowohl eine Methode wie auch einen Prozess darstellt und auf festgelegten Prinzipien und unterschiedlichen unterstützenden Werkzeugen basiert. Weiter berücksichtigt sie ein Werteversprechen an die

---

[1]Ein Geschäftsmodell beschreibt die Grundlogik, wie eine Organisation Werte schafft und legt fest, 1) was eine Organisation anbietet, das von Wert für Kunden ist, 2) wie diese Werte in der Organisation geschaffen werden, 3) wie die geschaffenen Werte dem Kunden kommuniziert und übertragen werden, 4) wie die geschaffenen Werte für die Organisation als Erträge realisiert werden, 5) wie die Werte in der Organisation und an Anspruchsgruppen verteilt werden und 6) wie die Grundlogik der Schaffung von Wert weiterentwickelt wird, um die Nachhaltigkeit des Geschäftsmodells in der Zukunft sicherzustellen. (Bieger und Krys 2011). Für Kommunen ist dies heutzutage zur Sicherung ihrer Wettbewerbsfähigkeit wichtig.

Anwender*innen (Value Proposition), Aspekte der Digitalisierung, der Geschäfts-
modellerstellung und des Changemanagements. Das Buch stellt die Methodik der
innovativen Prozessmodellierung vor und erläutert die einzelnen Schritte.

Birgit Schenk
Claudia Schneider

Einleitung

Die entstandenen und noch entstehenden digitalen Technologien bringen das Geschäftsprozessmanagement neu zur Geltung. Denn dieses hat u. a. die Anpassung oder Neugestaltung der Geschäftsprozesse bei Technologieveränderungen zur Aufgabe. Versuchen Organisationen im Rahmen des digitalen Transformationsprozesses, digitale Lösungen und Innovationen hervorzubringen, verbessern sie dabei auch ihre Geschäftsprozesse (sog. Geschäftsprozess-Optimierung bzw. -Reorganisation) oder gestalten diese neu (sog. Geschäftsprozess-Re-Engineering). Dies zeigt, dass die gesamte Leistungserbringung aller Services und Produkte mit den zugrundeliegenden Geschäftsprozessen und Schnittstellen zu den Endabnehmer*innen wie auch Kooperationspartnern innovativ digitalisiert neu ausgerichtet wird. (Schenk 2018; Streicher 2020). Somit geht der Vorgang der digitalen Transformation weit über die reine Digitalisierung im technischen Sinne hinaus.

Ein Großteil der heutigen Veränderungen entsteht an der Schnittstelle zwischen gelebter (Geschäfts-)Praxis, Technologieintegration, -nutzung und -ausrichtung. Um diese Veränderungen zu gestalten, muss transdisziplinär gedacht werden. Hierfür müssen unterschiedliche Ansätze und Methoden, aber auch unterschiedliche Perspektiven, wie die der Endbenutzer, also Kunden/Bürger*innen und Mitarbeiter*innen, einbezogen werden. Auch muss man alle von den Veränderungen Betroffenen abholen und in ihre eigene zu gestaltende Zukunft mitnehmen, (Denk-)Silos überbrücken, die organisatorischen Grenzen erweitern und den Blick auf neue Entwicklungen lenken.

Auch wenn in der Literatur[1] darauf hingewiesen wird, dass sowohl Kunden, als auch Beschäftigte im Kundenkontakt oft die Quelle von Lösungen sind, wird dies auf den Führungsebenen nicht ohne weiteres erkannt. So werden sie in Initiativen

---

[1] Siehe u. a. Becker J. et al. (2015) oder Gouthier M. (2017).

zur organisatorischen Umgestaltung häufig nicht in sinnvoller Weise eingebunden, um aus ihrem Wissen und ihren Erkenntnissen zu schöpfen. Werden sie einbezogen, können alle Seiten maßgeblich profitieren.

Speziell die Beschäftigten müssen jedoch erst in die Lage versetzt werden, ihr bis dahin jahrelang trainiertes Denken in gesetzten Grenzen hinter sich zu lassen. Ansonsten bleiben sie an den in der Praxis gelernten Glaubenssätzen wie z. B. „Der Bürger will das nicht!" oder „Das kostet zu viel!" oder „Das kann man in der öffentlichen Verwaltung nicht machen!" hängen. Erst mit dem Aufbrechen der bisherigen Denkmuster kann die Einführung neuer Geschäftsmodelle, die Neugestaltung von Geschäftsprozessen inklusive der Kontaktstellen zu den Bürger*innen als Kunden und damit Wertschöpfung gelingen. Das vorliegende Buch setzt genau an dieser Erkenntnis an.

Inhaltsverzeichnis

Ausgangslage und Problemstellung

1

Lange Jahre stand die öffentliche Verwaltung der Digitalisierung sehr skeptisch gegenüber. Dies zeigt die zögerliche Entwicklung, die unter der Überschrift „e-Government" ihren Lauf nahm. Ziele von e-Government waren und sind die Neugestaltung von Regieren und Verwalten durch Digitalisierung, die Umsetzung einer bürgerzentrierten Sichtweise, und das Heben von Rationalisierungs-wie auch Verbesserungspotenzialen. Der Ansatz von e-Government war breit angelegt, denn damit „[…] können auch organisatorische Grenzen leichter als in der Vergangenheit überschritten werden. Ausgeprägte Hierarchietreppen und Zuständigkeitsgerangel passen nicht mehr in die Zeit. […]" (GI 2005, S. 7). Die Diskussion über die digitale Transformation und das Aufkommen von „Smart Cities" bringen neuen Schwung hinein in die Entwicklung. Der unausweichliche Veränderungsschub wird jedoch erst durch die COVID-19-Pandemie ausgelöst, die transparent macht, wie weit die deutsche Verwaltung noch traditionell arbeitet und damit beinah arbeitsunfähig ist. Jetzt endlich wird akzeptiert, dass die digitale Transformation mit der neuartigen Nutzung der digitalen Technologien zur Lösung praktischer Probleme wird. Vor dieser Erkenntnis kann sich auch die öffentliche Verwaltung nicht verschließen. (Klös 2020) So entstehen vielerorts sehr schnell während des ersten COVID-19-Lockdowns ad hoc Homeoffice-Arbeitsplätze, auch wenn die Grundlagen wie technische Voraussetzungen, Homeoffice-Richtlinien etc. dafür häufig noch nicht gelegt worden sind.

Gleichzeitig hat der COVID-19-Lockdwon deutlich gemacht, dass die Services und Produkte für die Bürger*innen trotz der Bestrebungen im Rahmen des Gesetzes zur Verbesserung des Online-Zugangs[1] (OZG) noch nicht alle online verfügbar sind. Auch sind die dahinter liegenden Geschäftsprozesse für

---

[1] https://www.onlinezugangsgesetz.de/Webs/OZG/DE/startseite/startseite-node.html

© Der/die Autor(en), exklusiv lizenziert durch Springer Fachmedien Wiesbaden GmbH, ein Teil von Springer Nature 2021
B. Schenk und C. Schneider, *Innovative Services und Prozesse für Kommunen*, essentials, https://doi.org/10.1007/978-3-658-34091-9_1

Abb. 1.1 Foki im Rahmen der Gestaltung innovativer Geschäftsprozesse: Mensch – Organisation – IT

die Leistungserbringung meist nicht digitalisiert. Dies zeigt sich in Medienbrüchen und (Teil-)Digitalisierung in den Geschäftsprozessen. Um diese Lücken zu schließen, muss die bisherige Verwaltungsarbeit ganzheitlich auf den Prüfstand gestellt und analysiert werden, um sie anschließend neu auszurichten und zu gestalten. Drei Foki sind hierfür wesentlich: der Mensch – Bürger*in wie Mitarbeiter*in -, die Organisation und die Informationstechnologie. Diese drei werden aus der Außenperspektive (Bürgersicht), wie auch der Innenperspektive (Sicht der Beschäftigten) vor dem Hintergrund der Trends und Entwicklungen im näheren Umfeld und global der Umwelt betrachtet, sowie der jeweilige Ist-Stand hinterfragt (siehe Abb. 1.1). Grundlegendes Ziel ist es dabei, Effektivität, Effizienz und Transparenz der Dienstleistungserbringung für alle Betroffenen zu erhöhen und die Leistungsfähigkeit der Verwaltungsmitarbeiter*innen durch Kompetenzentwicklung zu erhalten.

Ansatzpunkt für die Neugestaltung der Geschäftsprozesse sind die Schnittstellen nach außen zu den Bürger*innen. Diese Schnittstellen sind die Kontaktpunkte, die in der Fachsprache als *Touchpoints* bezeichnet werden. Am Touchpoint fragen die Bürger*innen die Services und Produkte nach und versuchen ihre Anliegen zu klären. Entsprechend dem nachgefragten Produkt oder Service werden die dahinterliegenden Geschäftsprozesse angestoßen. Für die Neugestaltung müssen nun die Touchpoints und die angestoßenen Geschäftsprozesse behördenintern und/oder amtsübergreifend mit allen Arbeitsschritten überdacht und hinsichtlich aller Möglichkeiten der Digitalisierung ausgelotet werden. Eine Möglichkeit die Geschäftsprozesse digital zu unterstützen, bietet z. B. die elektronische Akte. Wird die elektronische Akte nicht allein für sich genommen eingeführt, sondern kombiniert mit (teil-)automatisierten Workflows und der Option von behördeninternem wie auch -übergreifendem Daten- und Dokumentenaustausch, können jedoch weit mehr Vorteile realisiert werden.

Bei einer umfassenden Neugestaltung stehen deshalb auch die Zuordnung von Verantwortung und die Mitsprache der beteiligten Stellen wie Personen zur Debatte und verändern sich gegebenenfalls. Zusätzlich müssen die Kompetenzen der Mitarbeiter*innen auf die neu gestalteten Touchpoints und die neuen digitalen Geschäftsprozesse ausgerichtet werden. Verwaltungsmitarbeiter*innen brauchen jetzt Medien- und Datenkompetenz, Kompetenzen der digitalen Interaktion wie auch Zusammenarbeit (Berghaus und Back 2019) und Führungskräfte sollten digitale Führungskompetenz aufbauen (Gil und Van Boskirk 2016).

Solch eine ganzheitliche Neugestaltung der Geschäftsprozesse im Rahmen der digitalen Transformation ist Führungsaufgabe. Die Führungskräfte spielen in derartigen Veränderungsprozessen eine ganz entscheidende Rolle. Stehen die Führungskräfte dahinter und flankieren die damit verbundenen Aktivitäten mit einem durchgängigen Umsetzungs-Controlling, ist das Gelingen vorprogrammiert. Ohne das Commitment der Führungskräfte und das Umsetzungs-Controlling, wird es kaum gelingen.

Betrachtet man die Umgestaltung im gesamten Verwaltungskontext und nicht nur behördenintern, bleibt die wesentlichste Herausforderung bei diesem Unterfangen unser föderalistisches Staatsgebilde. Auch wenn Daten keine Behördengrenzen kennen und fließen könnten, sind tradierte Vorgehensweise, Abgrenzungen und Zuordnungen scheinbar nicht zu verändern, da sie in Gesetzen und Rechtsprechung manifestiert sind. Doch im Grunde steht sich Politik und Verwaltung hier selbst im Wege, denn die Digitalisierung ermöglicht den Datenaustausch über Behördengrenzen hinweg! So ist mit einem digitalen Geschäftsprozess eine nahtlose Verwaltungsarbeit jenseits der Behördengrenzen möglich, d. h. medienbruchfrei, effektiv und effizient umsetzbar. Am Ende „laufen" die Daten, nicht die Menschen. Das hierin liegende Potenzial für einen weitgehenden Bürokratieabbau und hohen Effizienzgewinn bei gleichzeitiger Kostenreduktion können wir nur ahnen. Doch so ein „Joint-up Government" ist eine Herausforderung für alle Beteiligten (Lenk 2007b). Gleichzeitig bietet es die Chance, die öffentliche Verwaltung einfacher, schneller, wirksamer und bürgerfreundlicher zu gestalten (Hill 2002, S. 24). Die folgenden Beispiele veranschaulichen und konkretisieren die damit seit der Jahrtausendwende (!)verbundenen Hoffnungen:

- Verbesserung der Services für Bürger*innen wie auch Unternehmen ergeben sich zwangsläufig durch eine vollumfängliche digitale Ausrichtung: *Non-Stop-Government* im Sinne einer 24 h-Erreichbarkeit wird durch das Bereitstellen von Informationen, Online-Formularen und die Abwicklung von Transaktionen ebenso möglich, wie **One-Stop-Government,** also die Realisierung der Idee einer Anlaufstelle mit möglichst einem Ansprechpartner in der Behörde zur Abwicklung kompletter Themenfelder (bezogen auf die Wirtschaft, z. B. Gewerbesteuerabwicklung, bezogen auf die Bürger*innen, z. B. Geburt, Todesfall, etc.) Auch **No-Government,** also die automatische Erledigung von Anliegen, ist denkbar, wenn alle dafür notwendigen Daten bereits digital zur Verfügung stehen. Ein *No-Government* kann durch automatisierte Prüfungen erfolgen. Beispiel hierfür ist das Kindergeld, das nicht mehr separat beantragt werden muss, sondern sich aus der Bewertung der von den Eltern eines Kindes zur Verfügung gestellten Daten zweifelsfrei ableiten und genehmigen lässt.
- Verbesserung der Transparenz des politischen und administrativen Handelns durch die Möglichkeit der Bearbeitungsverfolgung von Anliegen durch Bürger*innen/Unternehmen.
- Verbesserung der Responsivität (Antwortverhalten und Reaktionsfähigkeit) des politischen und administrativen Handelns durch die Nutzung von IT anstelle von analogen Hilfsmitteln und papierbasierten Dokumenten.
- Sicherung der Rechtmäßigkeit des Verwaltungshandelns durch den Einsatz von IT-Systemen zur Koordination, Kontrolle und Dokumentation. Damit Senkung des Ressourcenverbrauchs.
- Verbesserung der Legitimität und Akzeptanz des politischen und administrativen Handelns durch die Einbindung der Bürger*innen in Willensbildungs- und Entscheidungsprozesse.
- Verbesserung der Arbeitsbedingungen für alle Arbeitskräfte der öffentlichen Verwaltung. Tayloristische Aufgabenzuschnitte können neu gestaltet werden nach den Ansätzen des Job-Enlargements und Job-Enrichments, sowie ermüdende Routinearbeiten zur Entlastung der Mitarbeiter*innen automatisiert werden.

Die aufgezeigten Verbesserungen lassen sich in vier Zieldimensionen zusammenfassen:

1. *Qualitätsziele* wie erhöhte Zugänglichkeit, verbesserte Ergebnisqualität, verbesserte Prozessqualität und erweitertes staatliches Leistungsspektrum.

2. *Kostenziele* wie Kostenersparnis durch gesteigerte Effizienz des öffentlichen Verwaltungshandelns basierend auf der Optimierung der Ablaufprozesse innerhalb und zwischen einzelnen Ämtern,

3. *Imageziele* wie z. B. verbesserte Transparenz des Verwaltungshandelns und das Einbinden der Bürger*innen i.S. einer Dienstleistungserledigung i.S. moderner Serviceerbringung.

4. *Mitarbeitendenziele* wie gesteigerte Motivation der Verwaltungsmitarbeitenden, verbesserte Arbeitsbedingungen und angemessene Arbeitsauslastung.

Für diese substantiellen Verbesserungen durch Neugestaltung sind die internen Prozesse innerhalb einer Behörde und die Schnittstellen in einer Ende-zu-Ende-Beziehung zum Kunden (Wirtschaft, Einwohner oder auch anderen Verwaltungseinheiten) neu zu entwerfen und zu ordnen. Dies trifft vor allem Kommunalverwaltungen und deren Serviceerbringung. Sie stehen im unmittelbaren Kontakt zu Bürger*innen und erbringen eine erheblich höhere Bandbreite an Dienstleistungen und Produkten bei verhältnismäßig niedrigen Fallzahlen im Vergleich zu privatwirtschaftlichen Unternehmen.

Im Rahmen der Serviceerbringung ergeben sich für die Kommunen auch neue Geschäftsmodelle durch Dienstleistungsangebote, die bisher ohne Digitalisierung nicht möglich waren. Ein Beispiel hierfür ist der Einsatz eines Schadensmelders, der in der Kommune Herrenberg für einen zusätzlichen Zweck angepasst wurde: die „Müllmeldung". Von Einwohner*innen wird ehrenamtlich auf ihren Spaziergängen Müll in Feld und Wald gesammelt und dann direkt via „Schadens-App" der Kommune gemeldet, wo sie die Müllsäcke zur Abholung abgelegt haben. So kann der zuständige Mitarbeiter seine Müllroute gezielt planen, die Bürger*in kann den Abholstand anhand einer Trackingfunktion mitverfolgen und allen Seiten ist geholfen. Aus Bürgersicht entfällt die Suche nach den Zuständigen und die Ungewissheit, was aus ihrem bürgerschaftlichen Engagement und dem jeweiligen Hinweis wurde. Aus Verwaltungssicht erfolgt eine zielgerichtete Entgegennahme und Bearbeitung der Meldung, ohne Verzögerungen durch Irrläufer oder störende bürgerseitige Nachfragen, ob und wann der Müll abgeholt wurde.

So wie die Einwohner*innen und Beschäftigten heute die öffentliche Verwaltung, die Behörden und Ämter erleben, sind sie durch unser Denken und unsere Ansätze in Politik und Verwaltung geschaffen worden. Sie sind ein Ergebnis daraus. Sie können nicht verändert werden, ohne dass dieses Denken und die Ansätze sich verändern. Genau dies greift die im folgenden dargestellte Methodik auf: das Undenkbare denken, weit über den Tellerrand hinaus, mehrperspektivisch Denken

d. h. aus unterschiedlichen Blickwinkeln die Dienstleistungs- und Produkterbringung betrachten, analysieren und verstehen, um dann schlussendlich zu neuen Lösungen zu kommen.

Die digitale Transformation und auch die Umwelteinflüsse, die Anpassungen notwendig machen, enden niemals. So lohnt es sich, eine innovative Geschäftsprozessmodellierung als wichtiges Element der Innovation in der Verwaltung zu etablieren.

Doch wie kann diese Neu- oder Umgestaltung gelingen, wenn die Beschäftigten jahrelang vor allen Veränderungen bewahrt wurden und jetzt plötzlich vor der Aufgabe stehen, diese zu gestalten? In den folgenden Kapiteln wird eine domänenspezifisch entwickelte und erprobte Vorgehensweise vorgestellt, die Dienstleistungen, beginnend bei der Schnittstelle zum Kunden, über die Geschäftsprozesse ungeachtet der Behörden-, Abteilungs-, Amts- und Teamgrenzen hinweg, bis hin zum fertigen Ergebnis in den Fokus nimmt und neu entwirft.

Innovative Prozessmodellierung

2

Die Mitarbeiter*innen der öffentlichen Verwaltung und die Studierenden der Hochschulen für öffentliche Verwaltung sind generell auf Routineaufgaben vorbereitet und sehen in der Informationstechnologie (IT) ein Instrument, um bestehende Organisationsstrukturen und Machtverhältnisse zu stärken, sowie diesen Trend auf absehbare Zeit fortzusetzen (Krämer und King 2003, S. 7). Statt die Digitalisierung und die Informationstechnologie als Chance und als Mechanismus für einen Innovationssprung in Prozessen, Arbeitsabläufen oder der Kommunikation mit den Bürgern zu begreifen, bewahrt die öffentliche Verwaltung mit modernen Mitteln die Vergangenheit (Lenk 2007a). Gleichzeitig fehlen den Kommunen momentan noch die Kompetenzen, um den Wert der digitalen Transformation zu nutzen (Hammerschmidt 2017). So fällt die öffentliche Verwaltung hinter die Standards des Privatsektors zurück. Beispiele hierfür sind online-Bezahlfunktionen oder die Erreichbarkeit von Verwaltungsmitarbeiter*innen. Während die Privatwirtschaft online alle Zahlungsarten beginnend mit Lastschrift, auf Rechnung, PayPal oder auch Kreditkartenzahlung anbietet, gibt es auf Verwaltungswebseiten selten eine Bezahlfunktion. Bezogen auf die Erreichbarkeit von Mitarbeiter*innen bietet der Privatsektor über Online-Telefonie, Online-Chats oder auch Chatbots außerhalb von Öffnungszeiten ausreichend Möglichkeiten zur Kontaktaufnahme. In der öffentlichen Verwaltung ist dies nach wie vor selten und in kleinen Kommunen, bedingt durch Kapazitäten- und Ressourcenknappheit, kaum denkbar. Doch wird von der öffentlichen Verwaltung mittlerweile erwartet, dass sie den Digitalisierungsrückstand aufholt und

---

Da der Begriff Geschäftsprozessmodellierung sehr lang ist, verwenden wir in diesem Essential den Begriff Prozessmodellierung synonym.

die Vorteile der modernen Technologien ausbauen wird, sowie ethisch und bürgerfreundlich handelt. So braucht die öffentliche Verwaltung Impulse, um die
Digitalisierung effizient und bürgerfreundlich voranzutreiben und fähige Mitarbeiter*innen, die ermutigt werden, sich mit ihr kreativ auseinanderzusetzen. Die
aus der digitalen Transformation resultierende Geschäftsprozess-Reorganisation
ist eine Forderung der realen Welt. Die Bewältigung von dieser erfordert sowohl
theoretisches Wissen als auch praktische Kompetenzen:

I.   Kenntnisse über Zukunftstrends und Entwicklungen,
II. Digitales Wissen
     Der Aufbau von *digitalem Wissen* umfasst drei Ebenen (Lankshear und
     Knobel 2008,S. 173):
     Stufe-1: Digitale Kompetenz, um mit den neuen Technologien umgehen zu
     können.
     Stufe-2: Durchdachte und bewusste Nutzung und Anwendung der digitalen
     Tools.
     Stufe-3: Die Fähigkeit zum Denken in größeren Zusammenhängen mit
     wechselnden Perspektiven und hinterfragender Grundhaltung, um kritisch
     reflektiert die soziale Auswirkung der Digitalisierung berücksichtigen zu
     können.
III. Flankierendes Wissen und Methoden aus dem Handwerkskoffer der
     Geschäftsprozess-Re-organisation, der Gestaltung des Wertversprechens
     (Value Proposition Design) und des Change Managements.
IV. Erkenntnisse aus dem Perspektivwechsel, um die Bürgersicht bei der Neu-
     gestaltung berücksichtigen zu können. Dieser wird nicht nur durch die
     Beteiligung von Bürger*innen nachhaltig ausgelöst und verankert, sondern
     durch die eigene reflektierte Betroffenheit der Mitarbeiter*innen.

Diese Kompetenzen werden durch die Methodik aufgebaut. Gleichzeitig möchten wir bereits an dieser Stelle darauf hinweisen, dass trotz behördeninternem
Kompetenzaufbau externe Unterstützung von Prozess- und Methodenexperten bei
Neueinstieg in das Thema notwendig ist, um innovative Geschäftsprozesse zu
entwickeln und implementieren.

   Die folgenden Schritte beinhalten alle wesentlichen Themenfelder und Methoden, die zur Umsetzung benötigt werden:

Schritt 1:   Trends und Entwicklungen,
Schritt 2:   Bedarfsorientierte Analyse der „realen" Welt,
Schritt 3:   Touchpoint- und Servicedesign,

Schritt 4:   Entwicklung eines Zukunftskonzepts,
Schritt 5:   Implementierung

Bevor die Schrittfolge durchlaufen wird, sind zwei Fragen zu beantworten. Dies ist zum einen die Frage, wer soll in den einzelnen Schritten beteiligt werden, und zum anderen die Frage, welche Dienstleistung bzw. welchen Leistungsbereich die Neugestaltung betrifft.

Eine weitere Frage betrifft das Zeitmanagement. Innerhalb welcher Zeitspanne sollen die Schritte durchlaufen werden? Erfolgsgaranten sind eine schnelle und tiefe Analysephase, sowie eine zügige Umsetzung für die neu entwickelten digital transformierten Geschäftsprozesse. Ziehen sich die einzelnen Schritte der Untersuchung und Implementierung über einen langen Zeitraum hin, belastet dies alle Beteiligten, der Elan verpufft und unter Umständen versanden die Aktivitäten.

In den Schritten 1 bis 3 sollten möglichst viele aus der Belegschaft beteiligt sein, um sie auf den Weg in die Veränderung mitzunehmen und die Veränderung schon im Entstehen sukzessiv in ihren Köpfen zu verankern. Es wird auch ein Kernteam gebildet, das z. B. Koordinations- und Planungsarbeiten, sowie Dokumentationen übernimmt. Im dritten Schritt sind auch externe Stakeholder – Bürger*innen wie Expert*innen (Intermediäre[1], Personen aus anderen Verwaltungen, etc.) – zu beteiligen. Dies garantiert, dass sich das Lösungsspektrum erweitert.

Der vierte Schritt, die Entwicklung des Zukunftskonzeptes, kann im Kernteam erfolgen. Allerdings sind die Ergebnisse iterativ im größeren Kreis der davon Betroffenen zu evaluieren, im Sinne eines agilen Vorgehens. D. h. jeder Entwurf gilt erst dann als „fertig", wenn er auf Tauglichkeit überprüft und abgenommen ist.

Der letzte Schritt, die Implementierung der neuen Services und Geschäftsprozesse, kann in diesem Essential nicht mehr ausführlich betrachtet werden. Hierfür sind Projektmanagement-, sowie Changemanagement-Wissen hilfreich.

Die Frage, welche Dienstleistung oder welcher Leistungsbereich neugestaltet werden soll, muss von der Führungsebene entlang der strategischen Ausrichtung festgelegt werden. Beispiele für einen Themenbereich und darin enthaltene Services können sein: *Neugestaltung der klassischen Bürgerservices* wie Beantragung von Anwohnerparkberechtigungen, Einwohneran- und -abmeldungen etc., *Fundsachenverwaltung* – Entgegennahme und Ausgabe der Fundsachen, *VHS-Programm-Erstellung* – Zusammenstellen der VHS-Angebotsreihen, Akquise der Angebote (angefangen von Referentenanschreiben bis hin zur Bewertung

---

[1]Ein Intermediär ist eine Person, die als Mittler bezeichnet wird und für Dritte tätig wird.

und Annahme der von den Referenten eingereichten Kursvorschläge), Aufbereitung und Publikation eines VHS-Programmes; *Schadensabwicklung* – von der
Schadensmeldung bis zur Erledigungsrückmeldung, etc.

Die zu untersuchenden und neu zu gestaltenden Geschäftsprozesse leiten
sich aus den bestehenden und/oder durch Innovation neu entwickelten Services
ab. Werden die zur Serviceerbringung betroffenen Geschäftsprozesse analysiert,
erkennt man, ob und wenn ja, über welche Bereichsgrenzen hinweg die Analyse
erfolgen muss. Alle an der Serviceerbringung Betroffenen sind bei den folgenden Schritten zu beteiligen, um nicht für Einzelne Verbesserungen zu schaffen,
die sich an anderer Stelle nachteilig auswirken. Es gilt, das Gesamtkonstrukt zu
verbessern.

Um für die Neugestaltung die Richtung vorzugeben, wird die Zielsetzung
hierfür als übergeordnete Herausforderung, die sog. Design Challenge, von den
mit der Neugestaltung beauftragten Verantwortlichen (Mitarbeiter*innen oder den
externen Prozessbegleitern) formuliert. Ein Beispiel gibt die folgende Formulie-
rung:

> *„Entwickeln Sie für die Bürger*innen den Bürgerservice 2035, der eine*
> *naht- und reibungslose Dienstleistungserbringung ermöglicht und die Bür-*
> *ger*innen so weit wie möglich integriert!"*

Diese formulierte Design Challenge ist richtungsweisend für jeden weiteren
Schritt.

2.1 Trends und Entwicklungen

Schritt 1 der Innovativen Prozessmodellierung
Ohne sich darüber Gedanken zu machen, nutzen die Mitarbeitenden der öffentlichen Verwaltung in ihrem Privatleben ganz selbstverständlich moderne Technologien. So sind Mobiltelefone, Tablets und Laptops ihre Alltagsbegleiter geworden.
Doch im beruflichen Umfeld wurden und werden sie demgegenüber häufig auf
Desktops und Festnetztelefon reduziert. Dies kann sinnvoll sein, doch sollte es
nicht aus der Überlegung heraus resultieren, dass bestimmte Werkzeuge als Sta-
tussymbol und nicht als Arbeitsinstrument betrachtet werden. Dabei sind mobile
Endgeräte wie Mobiltelefon, Tablet oder Laptop nicht nur für Vorgesetzte im

Homeoffice hilfreich, sondern z. B. auch für Bauhofmitarbeiter*innen bei ihrer täglichen Arbeit (Schneider et al. 2020). Gleichzeitig sind Fort- und Weiterbildungen, die den Blick über den eigenen (digitalen) Tellerrand öffnen und in die Zukunft führen, eine Seltenheit. Doch sind Fort- und Weiterbildungen mit dieser Ausrichtung wichtig, denn mehr als die Vergangenheit, interessiert die Zukunft, da wir alle künftig in ihr leben werden.

So ist eine einleitende Einheit für die an der Neugestaltung Beteiligten zu Trends und Entwicklungen unabdingbar. Diese Einheit sollte sich auf zwei Aspekte konzentrieren: den momentanen Stand im Dienstleistungssektor außerhalb von Behörden und zukünftige Entwicklungen, die noch nicht in der Umsetzung sind.

Für den momentanen Stand der Service-Erbringung im Dienstleistungssektor sind Beispiele von Banken, Versicherungen etc. relevant. Diese liefern zahlreiche Anschauungsobjekte für fortschrittliche Antragsbearbeitung etc., da sie ähnlich wie die öffentliche Verwaltung vorwiegend Daten und Informationen verarbeiten. Ziel ist es, dass die Verwaltungsmitarbeiter*innen die dort bereits etablierten Lösungen kennen lernen und zur Diskussion angeregt werden, wie diese auf die öffentliche Verwaltung übertragbar sind. Dadurch sollen sich die Mitarbeiter*innen bewusst in einen Vergleich der öffentlichen Verwaltung mit anderen Dienstleistungsunternehmen begeben und sich einschätzen lernen.

Themenfelder für diese Einheit könnten momentan sein: die nahtlose Dienstleistungserbringung durch sog. Allkanaldienste „omnichannel", barrierefreie transparente Selbstbedienung über die Homepage und/oder an Selbstbedienungsterminals, Digitale Assistenten zur Unterstützung von Kunden wie auch Mitarbeiter*innen, Automatisierung und Unterstützung von Geschäftsprozessen durch Künstliche Intelligenz, IT-Systeme wie Customer-Relationship-Management-Systeme zum Erfassen und Nachvollziehen der Kundenkontakte, Tracking-Systeme, mit denen Kunden den Bearbeitungsstand jederzeit abrufen können ohne störende Anrufe bei Sachbearbeiter*innen.

Diese einleitende Einheit zu Trends und Entwicklungen sollte Vorort-Besuche bei besonders fortschrittlichen Dienstleistungszentren, Vorträge und/oder Videos beinhalten. Die Reflektion und Bewertung des eigenen Arbeitsalltags ist im Anschluss an diese Inputphase ein ganz wesentlicher Baustein. So sollte jede Teileinheit mit der Frage schließen: „Was lernen wir von dem Gesehenen, Gehörten und Erlebten für unsere Arbeit?" Durch die Bearbeitung der Frage, werden die Beteiligten aktiv aufgefordert das Bestehende zu hinterfragen und zu überdenken.

Nach diesem ersten Schritt in die Dienstleistungswelt außerhalb der öffentlichen Verwaltung ist es wesentlich, die eigenen inneren Grenzen des Denkens zu überwinden. So geht es gemäß dem Motto *Science fiction wird Science fact* im

zweiten Schritt darum, den Blick auf die sich heute in der Entwicklung befin-
denden neuen Technologien, neu aufkommenden Trends und sich abzeichnende
Entwicklungen zu lenken und in eine neue Gedankenwelt einzutauchen. Die
Gesamtauswahl der Inhalte, die vorgestellt und diskutiert werden, kann, aber muss
sich nicht auf den Dienstleistungssektor begrenzen. Ein ganzheitlicher Ansatz, der
Themen rund um das eigene (Berufs-)leben umfasst, ist relevant. Ziel ist es, zu
einer strategischen Vision zu kommen, die die Neu-Gestaltung des öffentlichen
Sektors allgemein bis hin zum eigenen Arbeitsalltag im Speziellen umfasst.

Allzu schnell reagieren Mitarbeiter*innen mit Kopfschütteln und Unverständ-
nis, wenn sie in die Zukunft blicken sollen. Um die Bedeutung und auch
Realitätsnähe dieses Schrittes anhand des Mottos *Science fiction wird Science fact*
auf den Punkt zu bringen und zu untermauern, lohnt es sich deshalb, aus der
Historie stammende „fantastische Gedanken" aufzugreifen und vorzustellen. Hierfür eignen sich beispielsweise Informationen über Megatrends, Trend Maps, etc.
genauso wie z. B. die Bücher von Jule Verne „Von der Erde zum Mond" (1865)
und „Die Reise um den Mond" (1870), die im 20ten Jahrhundert durch technolo-
gische Entwicklungen zur Tatsache wurden, oder Romane wie von George Orwell
„1984".[2]

Es ist nicht einfach, in die Zukunft zu denken, speziell für Verwaltungsmitarbeiter*innen, die in der Vergangenheit hierzu nicht ausgebildet oder aufgefordert
wurden. Deshalb müssen sie es üben. So ist ein Zwischenschritt in dieser Einheit
notwendig. Alle Beteiligten haben die Aufgabe, eine eigene Vision zum Thema
„Mein Arbeitsalltag in 2050" – beginnend beim Aufstehen bis hin zum Feierabend – zu entwickeln. Auch wenn ein Tag in 2050 in weiter Ferne liegt und
kaum greifbar ist, sollten alle ein Zukunftsszenario entwickeln. Denn durch das
Schreiben der Szenarien setzen sich die Beteiligten tiefergreifend mit den Trends
und Entwicklungen auseinander. Diese Szenarien werden anschließend allen an
der Neugestaltung Beteiligten zugänglich gemacht. Anhand dieser kurzen Szenarien über einen möglichen eigenen Arbeitsalltag kann dann nochmals vertiefend
diskutiert und herausgearbeitet werden, wie sich die Welt verändern könnte und
was unter den Begriffen „Zukunftsszenario" und „Vision" verstanden wird.

Abschließend kann eine Diskussion geführt werden, wie die Weichen für die
sich verändernden Rahmenbedingungen frühestmöglich gestellt werden können.
Durch diese Diskussion erkennen die Beteiligten auch, dass sie selbst für die
Zukunftsgestaltung verantwortlich sind. Dies motiviert sie später an der Neugestaltung aktiv mitzuarbeiten und reduziert die Gefahr, dass die Neuentwicklung

---

[2]Für Anregungen siehe hierzu: https://www.factinate.com/things/40-fantastic-facts-science-
fiction-became-reality/ Zugriff 21.01.2020.

von außen gestaltet wird. Durch die Diskussion wird ein Denkprozess bei den Betroffenen angestoßen, wie sie ihre Zukunft aktiv beeinflussen können.

Zwei entstandene Beispiele zeigen Variationen der Visionsfähigkeit und damit die Notwendigkeit dieses letzten Schrittes in dieser Einheit:

Beispiel 1

Mein Arbeitstag im Jahr 2050 –Einen Arbeitstag im Jahr 2050 stelle ich mir so vor:

Mögglingen, 5:57 Uhr am 23.11.2050. Meine Kaffeemaschine surrt leise, mein Backofen bäckt meine Brötchen auf und der Orangensaft wird frisch gepresst. Pünktlich um 6 Uhr öffnen sich die Rollläden. Das künstlich erzeugte Sonnenlicht von draußen und der Kaffeeduft wecken mich. Ich öffne die Augen und greife nach dem Kaffee, der mir mittlerweile durch Robby ans Bett gebracht wurde. Robby ist ein Roboter, der meinen kompletten Haushalt regelt. Putzen, Wäschewaschen, Bügeln – all die Dinge, die ich vor zwanzig Jahren noch selbst erledigen musste, übernimmt er für mich. Nach dem Frühstück gehe ich ins Bad, stelle mich unter die Dusche und werde anschließend trockengeföhnt.

Nachdem ich mich angezogen habe, werfe ich noch einen kurzen Blick auf die Anzeige der Luft- und Temperaturverhältnisse meiner Wohnung. Das System regelt die Zufuhr automatisch, sodass ein manuelles Lüften und Heizen nicht mehr notwendig sind. Das spart erheblich Energiekosten ein. Ich schaue hinüber zu meinem Schreibtisch und siehe da, die ersten Anfragen aus dem Büro werden automatisch hochgeladen. So erscheinen auf meiner Schreibtischoberfläche allmählich die Dokumente – eMails, Anträge, etc. – und liegen damit zur Bearbeitung bereit. Dies ist möglich, da alle Daten digitalisiert sind und jederzeit und an jedem Ort darauf zugegriffen werden kann. Computer sind in unsere Alltagsgegenstände integriert, also in Tische, Uhren, etc. Damit wird keine zusätzliche Ausstattung notwendig.

Als Chefin des Bereiches „Bürgerservices" habe ich mit den unterschiedlichsten Belangen zu tun. Diese gehen bei mir per Mail oder Video ein. Bei rechtlich gebundenen Entscheidungen analysiert mein digitaler Assistent, wie die Antwort zu sein hat und antwortet direkt. Stellt er fest, dass es eine Ermessensentscheidung ist, bekomme ich alle in Betracht kommenden rechtlichen Grundlagen bei der Bearbeitung automatisch angezeigt und kann dann entscheiden.

Ich nehme noch einen Schluck Kaffee und setze mich. Die VR-Brille drückt beim Aufsetzen. Nach einer kurzen Ladezeit erscheint vor mir das Rathaus im virtuellen Raum. Ich ändere die Ansicht auf „See" und der Raum wird vor meinen Augen zu einem Steg, auf dem nun mein Schreibtisch steht. Hier arbeitet es sich einfach angenehmer. Nach einer Stunde erinnert mich mein Termin-Assistent, dass heute Vorstellungsgespräche stattfinden, denn wir suchen für den „Info-Point" im Bürgerservice eine neue Kraft. Die VR-Brille schaltet sich aus und ich sitze wieder in meiner Wohnung. Ich sehe mir auf meinem Tablet den Vorratsschrank an und wähle einige Zutaten, die in der Pfanne landen sollen. Während Robby kocht, ziehe ich mich um und mache mich zum Gehen fertig.

Den Weg zur Arbeit lege ich mit meinem autonomen Auto zurück. Da ich nicht mehr auf den Straßenverkehr achten muss, esse ich mein eingepacktes Mittagessen und informiere mich über die neuesten Geschehnisse in der Welt. Diese werden mir auf der Frontscheibe angezeigt. Früher war der Weg zur Arbeit sehr zeitintensiv und ich kam oft gestresst im Büro an – heute merke ich von alldem nichts mehr.

Um 14:00 Uhr bin ich im Büro. Es ist ziemlich ruhig, da die meisten von zuhause aus oder von unterwegs arbeiten. Büros, wie es sie vor 20 Jahren noch gab, gehören längst der Vergangenheit an. Unser Gebäude ist in verschiedene Bereiche unterteilt: aktive Arbeitsbereiche mit Besprechungsecken, oder Erholungsbereiche wie Chill-Out-Lounges mit Sofas, Hängematten oder mit Fitnessgeräten usw. Je nachdem, welches Umfeld ich gerade brauche, wähle ich den Bereich. Für heute hatte ich einen Besprechungsraum gebucht. Ich setze mich dort hin und auf Knopfdruck lädt sich meine Arbeitsumgebung, so dass ich nahtlos weiterarbeiten kann. Kurz vor 15:00 Uhr kommen meine stellvertretende Mitarbeiterin und die Teamleitung schaltet sich via Video dazu. Wir stimmen uns nochmals ab und um 15:00 Uhr wird die Bewerberin von unserem Lotsen-Robot begleitet zu uns geführt. Pünktlich können wir das Vorstellungsgespräch beginnen. ...◄

Beispiel 2

Mein Arbeitstag im Jahr 2050 – Es ist sehr schwierig, sich im Jahr 2021 den Arbeitsplatz im Jahr 2050 vorzustellen, denn es ist einfach noch so weit weg. Aber ich habe mir dennoch meine Gedanken gemacht:

Meinen Weg zur Arbeit werde ich mit einem selbstfahrenden Auto zurücklegen. Nebenher trinke ich meine morgendliche Tasse Kaffee, die mit der eingebauten Kaffeemaschine auf Sprachbefehl hin frisch zubereitet wird.

Parallel dazu wird mir im Auto vom Bord-Computer meine Tageszeitung vor-
gelesen. – Gut gestärkt und informiert über die Ereignisse der Welt kann ich
dann vor Ort in meinen Arbeitstag starten.

Im Rathaus angekommen, wird direkt beim Betreten des Gebäudes mein
„Kommen" via Gesichtserkennung automatisch erfasst. Stempelkarte oder
Stempelchip sind Relikte einer alten Zeit. Mein Büro besteht aus einer großen
Sofaecke mit Tischchen und einem großen Bildschirm in der Mitte des
Raumes. In der Sofaecke werden die Gruppenmeetings abgehalten und falls
eine kleine Entspannung von Nöten sein sollte, kann ich mich dort ausruhen.
Einen Schreibtisch, so wie ich ihn jetzt kenne, gibt es nicht mehr. Es steht
lediglich, in der Mitte des Raumes, ein großer Bildschirm, bei dem verschiedene Dokumente zeitgleich geöffnet, verändert und hin und her geschoben
werden können. Auch brauche ich keine Mouse und Tastatur. Es wird alles
mit Hilfe eines Touchscreens und Spracherkennung eingearbeitet. Deshalb
ist auch alles papierlos. Mit Papierordnern überzogene Wände, überquel-
lende Papierordner auf dem Schreibtisch oder auch physische Postein- und
-ausgangskörbchen sind ebenso obsolet wie Drucker, Kopierer und Papier.
Wenn Feierabend ist und ich aus dem Rathaus gehe, wird automatisch „Gehen" gebucht und ich bin ausgestempelt. Automatisiert wird die Arbeitszeit
ermittelt und verbucht.

Mit meinem selbstfahrenden Auto geht es zurück in mein kleines Häus-
chen. Unterwegs setze ich nach kurzer Beratung über meine Gesundheits-App
meinen Einkaufswunsch für das Abendessen ab. Dieses kommt zeitgleich mit
mir an und ich freue mich, dass ich sofort ein frisches Essen auf dem Tisch
habe.◄

Den Abschluss dieser Einheit bildet das gemeinsame Erarbeiten einer Vision,
wie sich die eigene Arbeit in ca. 15 Jahren verändert haben wird. Diese
kann bei der späteren Bearbeitung einer visionären Lösung richtungsweisend
herangezogen werden.

2.2 Bedarfsorientierte Analyse der „realen" Welt

Schritt 2 der Innovativen Prozessmodellierung
Durch die vorausgehende Beschäftigung mit Trends und Entwicklungen, sowie
deren möglichen Auswirkungen in der Zukunft, haben alle an der Neugestaltung
Beteiligten normalerweise eine neue Sichtweise kennengelernt und können jetzt

mit diesem Blick auf die Zukunft die bestehenden Touchpoints und Geschäftsprozesse analysieren. Sie haben jetzt schon gelernt zu überlegen, was sich verändern
könnte und bleiben nicht mehr am Bestehenden „hängen".

Bei einer bedarfsorientierten Analyse ist es unerlässlich die unterschiedlichen Perspektiven aller Betroffenen zu erfassen, da deren Anforderungen und
Bedürfnisse unterschiedlich sein werden. Die Betroffenen sind die Bürger*innen,
Mitarbeitende und die öffentliche Verwaltung als Organisation sowie die poli-
tische Ebene, (Ober-)Bürgermeister*innen und Gemeinderat. Diese zu kennen,
bereitet alle an der Neugestaltung Beteiligten auf den Umgang mit widersprüchli-
chen Anforderungen vor. Sie erfassen dabei nicht nur ihren eigenen Blickwinkel,
sondern auch den der anderen.

Die Probleme und Schwierigkeiten der Bürger*innen und Mitarbeiter*innen
zu identifizieren, ist wichtiger, als gleich eine Lösung zu finden, denn die genaue
Darstellung der Probleme führt sie zu Lösungen. So wird der Status quo tief-
gründig analysiert hinsichtlich der Stolpersteine und Hindernisse für die Bürger-
und Mitarbeiter*innen, wie auch für die Organisation. Das Ergebnis ist eine Liste
über alle hinderlichen, wie auch unterstützenden Aspekte. Sie wird gespiegelt
an der vorher formulierten Design Challenge, beispielhaft war dies hier: *„Entwickeln Sie für die Bürger*innen den Bürgerservice 2035, der eine naht- und
reibungslose Dienstleistungserbringung ermöglicht und die Bürger*innen so weit
wie möglich integriert!"*. Bei der Neugestaltung profitieren diejenigen, die das
Design der neuen Touchpoints und Geschäftsprozesse übernehmen von dieser
Auflistung der hinderlichen und unterstützenden Aspekte. Sie erhalten dadurch
ein systematisches Feedback zu den Stärken und Schwächen sowie damit verbundenen Problemen wie Möglichkeiten der bisherigen Serviceerbringung in den
Ist-Prozessen. Die bedarfsorientierte Analyse beinhaltet folgende beiden Phasen:

1. Die Phase des Perspektivwechsels
2. Die Phase der Geschäftsprozesserhebung und -analyse

Beide Phasen bestehen aus mehreren Teilschritten, die im Folgenden näher
beschrieben werden.

1. Die Phase des Perspektivwechsels
Warum ist ein aktiver Perspektivwechsel notwendig, wo doch die Beschäftigten
des öffentlichen Dienstes tagtäglich im Umgang mit Bürger*innen stehen und doch
eigentlich beurteilen können sollten, was diese brauchen? Die Antwort ist einfach:

Auch wenn der Kontakt zu Bürger*innen besteht, ist die Prägung durch das eigene Arbeitsumfeld hoch. Mitarbeiter*innen, die seit Jahren in der Verwaltung arbeiten, sind entsprechend sozialisiert. Die Brille der öffentlichen Verwaltung sitzt fest auf der Nase und es fällt schwer, die Seite zu wechseln und aktiv in die Rolle der Bürger*in zu gehen. Deshalb ist für die Mitarbeiter*innen wichtig, selbst zu erleben, wie es sich als Bürger*in anfühlt, mit der Behörde im Kontakt zu sein. Dieses eigene Erleben ist entscheidend und wirkt nachhaltig auf die Neugestaltung von Services und Geschäftsprozessen. Als Methode kann das sog. *Mystery Shopping* eingesetzt werden. Dabei schlüpfen die Mitarbeiter*innen in die Haut eines bzw. eines*r Bürger*in, um einen Behördengang zu erledigen wie z. B. die Abgabe eines gefundenen Geldbeutels, das Melden eines kaputten Mülleimers, um den Versuch zu unternehmen, eine Auskunft über ein Baugrundstück zu erhalten oder auch nur einen Stadtrundgang zu buchen.

Normalerweise wird Mystery Shopping eingesetzt, um die Qualität von Dienstleistungserbringung präzise zu untersuchen. Dies ist hier nicht der Fall. Deshalb ist es auch nicht notwendig, die Teilnehmenden umfangreich zu schulen, um das Vorgehen jedes/jeder Einzelnen identisch zu halten und die höchste Stufe der Vergleichbarkeit der Ergebnisse sicherzustellen.

In unserem Fall gibt es zwei deutlich andere, aber nicht weniger wichtige Zielsetzungen. Ein Ziel ist eine Liste über alle Aspekte, die die Verwaltungsmitarbeiter*innen in der Rolle als Bürger*in verärgert oder gefreut haben. Sie reflektieren sowohl wann sie sich gut aufgehoben gefühlt haben und Vertrauen aufbauen konnten, als auch, was sie irritiert hat und warum. Dazu gehören auch die Empfindungen, die mit dem Behördengang in Verbindung standen. Also: wie hat sich der Kontakt zur Behörde als Bürger*in angefühlt? Das zweite Ziel ist, herauszufinden, wie verständlich die von der Verwaltung bereitgestellten Informationen sind und ob die Verwaltungsmitarbeitenden in ihrer Rolle als Bürger*innen nachvollziehen können, was Schritt für Schritt zu tun ist und zu welchem Ergebnis die einzelnen Schritte führen werden. Ebenso sollte erfahren werden, wie verständlich Antragsgenehmigungen oder -ablehnungen formuliert sind.

Das Mystery Shopping erfolgt auf den zur Verfügung stehenden Zugangskanälen. Momentan sind dies die Webseiten der Behörden, Telefon und Vorortbesuch z. B. im Bürgerservice. Übersetzt in die Dienstleistungssprache ist dies die *Selbstbedienung, telefonische Beauskunftung* und *-Beratung,* sowie *Vorort-Auskunft* oder *-Beratung.* Für alle drei Fälle muss ein einheitliches Szenario erarbeitet werden, das alle Mitarbeiter*innen in den Mysteries anwenden. Ein mögliches Beispiel:

Ausgangs-Szenario für die Mysteries
Ich, Max Maier, bin neu in der Kommune und so kenne ich mich nicht mit den örtlichen Gegebenheiten aus. Gestern Abend habe ich einen ledernen Geldbeutel in der Nähe der Fußgängerbrücke gefunden. Er ist dunkelbau, trägt ein Etikett „Lamerie" und hat unterschiedliche Fächer, die bis auf 50 € und wenige Münzen leer sind. Er sieht sehr neu aus. Damit er nicht lange bei mir herumliegt, möchte ich ihn möglichst schnell – konkret innerhalb der nächsten zwei Tage – im Rathaus abgeben. Weil ich 40 km entfernt meine Arbeitsstelle habe, bin ich von den Uhrzeiten her eingeschränkt. Ich beginne morgens um 8:00 Uhr und arbeite bis 17:00 Uhr – davor und danach habe ich rund 1 h Anfahrt.

Es ist das erste Mal, dass ich etwas gefunden habe und abgeben möchte. So habe ich keinerlei Erfahrung darin, was ich machen muss. Ich erinnere mich nur dunkel daran, dass in meiner Kindheit mein Vater einmal einen von ihm verlorenen Schlüssel im Rathaus abholen konnte.

Steht das Szenario fest, wird für alle drei Zugangskanäle ein Bewertungsraster erarbeitet. Anhand von diesem werden die Erlebnisse dokumentiert. Ausgangspunkt bei der Erstellung des Rasters ist immer die Frage: Was würde ich als Bürger*in erwarten?

Für die Selbstbedienung über die Homepage sollten noch die Suchbegriffe festgelegt werden, nach denen die Verwaltungsmitarbeiter*innen in der Rolle als Bürger*in bei der Informationssuche vorgehen und die sie ggf. im Suchfeld eingeben würden. Bezogen auf das Fundsachen-Beispiel könnten dies folgende sein: Verlorenes, Fundsachen, gefunden, verloren, Fundamt, Fundbüro, … Hierzu können alle in den Mysteries Beteiligten sich selbst kurz Notizen machen und dann gemeinsam festhalten, welche Begriffe jeder verwendet hätte, um daraus die Begriffsliste zu bilden. Wenn die unterschiedlichsten Begriffe aufgenommen werden, auch unüblichere Suchbegriffe, ist sichergestellt, dass das Denken der ganzen Bandbreite der Bürger*innen damit abgedeckt ist. Deshalb werden auch keine Begriffe gestrichen. Zur Absicherung, dass diese nicht nur aus dem Fachvokabular der Verwaltung stammen, sollte in einer Prüfschleife bei Freunden und Bekannten, die nicht vorbelastet sind, kurz gefragt werden: „Mit welchem Begriff würdest Du suchen, wenn du ein Fundstück abgeben möchtest?"

Stehen das Bewertungsraster und die Schlagwort-Liste fest, kann die Analyse der Homepages beginnen. Die Ergebnisse der Selbstbedienung werden entsprechend dokumentiert. Tab. 2.1 zeigt beispielhaft ein Dokumentationsraster für die online-Selbstbedienung.

Das Mystery Calling basiert immer auf dem gleichen Fall. In unterschiedlichen Kommunen wird angerufen, um Antworten zur Erledigung des Falles zu erhalten. Bezogen auf unser Beispiel „Geldbörse gefunden", könnten beispielsweise folgende Fragen gestellt werden: „Wo kann ich die Fundsache abgeben?", „Was muss ich bei der Abgabe beachten?" und auch „Kann ich über das Internet die Fundsache bei Ihnen melden und dann die Geldbörse in den Briefkasten werfen?". Bei der letzten Frage ist spannend, ob die kontaktierte Mitarbeiter*in ggf. auch Hilfestellung gibt, wie man auf die entsprechende Webseite gelangt und wie es dann weiter geht.

Tab. 2.1 Dokumentation der Selbstbedienung via Homepage

Fragen	Kommunen			
	A	B	...	R
Gibt es auf der Homepage ein Schlagwort zu Fundsachen? *Ja=1/nein=0*	0	1	...	0
Gibt es eine Suchfunktion auf der Homepage? *Ja=1/nein=0*				
Wenn ja, mit welchem Schlagwort finde ich nichts? Mit welchem Schlagwort erhalte ich Treffer? Ist der relevante Treffer unter den ersten drei angezeigten?				
Wie viele Mausklicks brauche ich für die Frage, welche Stelle zuständig ist?	2	6	...	4
Wie viel Zeit vergeht, bis ich weiß, was ich tun muss? (in Minuten)	1	4	...	3
Sind Ansprechpartner Kontaktdaten (Tel,/Mail) angegeben? *Ja=1/nein=0*	1	1	...	0
...				
Passen die Informationen/Instruktionen auf meinen Fall? *Ja=1/nein=0*	1	0		0
Gibt es sie als *Fließtext = 1, als Checkliste = 2, als pdf = 3*	2			
Finde ich das passende Formular?				
Ist das Ziel, innerhalb 2 Tagen abzugeben, erreichbar? *Ja=1/nein=0*	1	0		0

Tab. 2.2 Dokumentation der Telefonanrufe

Fragen	Kommunen			
	A	B	...	R
Gibt es eine Telefonzentrale? *Ja=1/nein=0*	1	1	...	0
Wie schnell wird der Anruf entgegengenommen? (Anzahl Rufzeichen)	2	6	...	4
Erhalte ich direkt Auskunft? Ja=1/nein=0	1	0	...	1
Wenn nein, werde ich weiterverbunden? Ja=1/nein=0	1	1	...	0
Wenn nein, wird mir ein Ansprechpartner genannt? Ja=1/nein=0	1	0		0
Ich werde weiterverbunden. Zum richtigen Ansprechpartner? Ja=1/nein=0	1			
Wenn ja, ist klar, wo ich was wie erledigen kann? *Ja=1/nein=0*	1	0		1
Wurde auf die Homepage = 1 oder auf die zutreffende Webseite = 2 verwiesen?	2			1
Ist das Ziel, innerhalb 2 Tagen abzugeben, erreichbar? *Ja=1/nein=0*	1	0		0
Wenn nein, warum nicht				
Würde ich den Service weiterempfehlen? Ja=1/nein=0 Warum? (Über was habe ich mich gefreut/geärgert?)	1	0		0

Auch beim Mystery Calling werden die Erlebnisse im Bewertungsraster festgehalten. Tab. 2.2 zeigt beispielhaft ein Dokumentationsraster für die Mystery Callings.

Als letztes steht der Gang zum Rathaus bevor. Hierfür können weitestgehend die gleichen Fragen wie im Telefonat verwendet werden (siehe Tab. 2.3) oder aber auch die freie Dokumentation des Erlebten erfolgen.

Jede an den Mysteries beteiligte Verwaltungsmitarbeiter*in sollte mindestens drei Kommunen auf alle drei Arten kontaktieren. Anschließend berichten die Einzelnen sich in Gruppen gegenseitig, was sie erlebt haben, welches das „schlimmste" und welches das „angenehmste" Erlebnis war und warum. Der Erfahrungsaustausch ermöglicht, die eigenen Erlebnisse einzuordnen.

Tab. 2.4 zeigt beispielhaft die frei zusammengetragenen Erlebnisse aus einem Mystery Shopping von acht unterschiedlichen Verwaltungsmitarbeiter*innen mit erarbeiteten Verbesserungsvorschlägen.

Häufig führen diese Erkenntnisse aus den Mystery Shoppings bei den beteiligten Verwaltungsmitarbeiter*innen sofort zu einem neuen Umgang mit den

Tab. 2.3 Dokumentation der Vorort-Besuche

Fragen	Kommunen			
	A	*B*	...	*R*
Ich komme ins Rathaus und finde sofort, wohin ich muss. 5=trifft vollständig zu bis 0=trifft überhaupt nicht zu.	4	1	...	3
Meine Wartezeit beträgt: (Minuten)	2	6	...	4
Die/der Mitarbeiter*in ist höflich und zuvorkommend: 5=trifft vollständig zu bis 0=trifft überhaupt nicht zu.	1	4	...	3
Woran mache ich dies fest??	Grüßt nicht/fragt nach/.../Lächelt,			
Ich konnte sofort abgeben. *Ja=1/nein=0*	1	0		1
Wenn nein, warum nicht	Kollegin fehlt			
Wie viel Zeit vergeht, bis ich alles erledigt habe? (in Minuten)				
Würde ich den Service weiterempfehlen? Ja=1/nein=0 *Warum? (Über was habe ich mich geärgert, gefreut, ...?)*				

Bürger*innen und mittel- bis langfristig zu Veränderungen bei der Serviceerbringung gegenüber diesen, wenn die Vorgesetzten dies nachhaltig unterstützend begleiten. Denn die beteiligten Verwaltungsmitarbeiter*innen sind nach den Mysteries hellwach, was ihre eigene Service-Leistung angeht.

Im nächsten Schritt ziehen die Teilnehmenden gemeinsam ein Fazit über alle drei Zugangskanäle. Sie, stellen zusammen, was ihnen aus Bürgersicht nun am wichtigsten ist und formulieren dies als Anforderungen. Abschließend bewerten sie, ob diese Aspekte erfüllt waren. Dies wird dann in die Gesamtgruppe eingebracht und gemeinsam verdichtet. Das Ergebnis wird festgehalten. Tab. 2.5 zeigt beispielhaft das Fazit aus einer Mystery-Sequenz.

Die erste und die letzte Forderung „*Aussagekräftige Informationen auf der Webpage*" sowie „*Auskunftsfähigkeit und Sachkompetenz der Mitarbeitenden*" deuten auf intransparente Information und Kommunikation hin. Auch lässt sich erkennen, dass es unterschiedliche Arten der Intransparenz gibt. Diese zu kennen, ist für die Informations- und Kommunikationsgestaltung für eine gute Service-Erbringung

Tab. 2.4 Dokumentation der Vorort-Besuche

Negative Aspekte der Beratung	Verbesserungsvorschläge
• Fehlende Gesprächsführung der Mitarbeiter*in (MA)	• Gesprächsführung verbessern
• MA fragen nicht nach, geben nur auf gestellte Fragen Antwort – woher soll ich wissen, was ich noch erfragen müsste, wenn ich Laie bin?	• MA sollten auch von sich aus Fragen stellen und Hinweise anbieten
• Keine Erläuterung von Kürzeln bzw. speziellen Produkten, unter deren Namen ich mir erstmal nichts vorstellen kann	• Nicht alle Bürger*innen haben Fachwissen, also gleich so erklären, dass jede/r es versteht, egal, ob man schon mal davon gehört hat oder nicht
• Lustlose und unmotivierte MA, lässt mich warten, während sie ins Handy guckt, danach dreht sie sich betont langsam um und sagt „Ja?"	• Freundlich aktiv auf Bürger/in zugehen
• Mit anderen „störenden" Bürger*innen, die Fragen dazwischen stellen, weil es lang geht, wird unfreundlich umgegangen	• Bestimmt, aber trotzdem freundlich reagieren
• Keine Antworten auf manche Fragen	• Kollegen hinzuziehen
• Inkompetenz der MA	• MA entsprechend schulen und unterstützen durch z. B. interne Wikis
• Wir Bürger*innen werden an verschiedene Stellen weiter verwiesen, ohne dass die MA genau wissen, ob diese nächste Stelle die richtige ist	• Als MA selbst kurz anrufen
• Wir Bürger*innen wurden nicht ernst genommen	• Selbst wenn die MA den Grund für das Kommen der Bürger*in nicht verstehen, sollten sie ihn/sie ernst nehmen und versuchen, weiterzuhelfen
• Abfertigung – sehr knapp und kurz, ohne Zusatzhinweise auf das, was ich zu fragen vergessen hatte (weil ich es auch nicht hätte wissen können als Laie)	• Umfassend Auskunft geben Hilfsbereitschaft, Interesse, Freundlichkeit gegenüber dem/der Bürger*in
• Gefühl, nicht willkommen zu sein	• Freundlich sein und bleiben, lächeln, …
• Wir Bürger wurden nach jeder Frage unterbrochen, dadurch entstand eine „Frage-Antwort-Atmosphäre"	• Ausreden lassen und Fragenkomplex ganz erfassen

(Fortsetzung)

Tab. 2.4 (Fortsetzung)

Negative Aspekte der Beratung	Verbesserungsvorschläge
• Keine Erläuterung zum mitgegebenen Infomaterial	• Infomaterial erläutern und betreffenden Teil markieren
• Ich als Bürgerin musste die Broschüren selbst im Ständer suchen und konnte sie gar nicht gleich finden.	• Das Infomaterial zusammen aus dem Ständer nehmen
• Zwar Telefonnummern, aber keine Zimmernummern für die nächste Anlaufstelle aufgeschrieben	• Zimmernummern von sich aus gleich dazuschreiben (auch wenn es im gleichen Gebäude ist)
• Keine passenden Broschüren/Hilfsmittel bekommen → ich musste mir alles merken, was erklärt wurde	• MA kann passende Informationen vom Broschürenständer holen und Erklärtes vermerken
• Wir Bürger*innen stehen (an der Infotheke), während der MA sitzt	• Gleichrangige Ordnung schaffen; beide stehen/sitzen
• Häufiges Stören durch andere Bürger*innen, dadurch war die/der MA gestresst	• Hinweisschild: nur einzeln eintreten (bei Glastür sieht der Bürger, ob MA frei ist oder nicht
• Keine Privatsphäre durch weitere zuhörende Bürger	s.o.
• Zimmeraufteilung unpraktisch, dadurch Störungen durch andere Bürger*innen und MA, hoher Lärmpegel, Hektik	• Andere Aufteilung oder Verlegung des Bürgerservice-Büros (größere Abstände zwischen den Schreibtischen, räumliche Abtrennung)
• Dunkelheit im Zimmer	• Licht anschalten

Tab. 2.5 Fazit einer Mystery-Sequenz

Was ist uns (als Bürger*in) wichtig? Und was war: ✓ erfüllt; ✱ nicht erfüllt

- Aussagekräftige Informationen innerhalb des Webauftritts der Kommune ✱
- Gute telefonische Erreichbarkeit der Kommune ✓
- Freundlichkeit der Mitarbeitenden ✓
- Schnelle Bearbeitung des Anliegens ✓
- Auskunftsfähigkeit und Sachkompetenz der Mitarbeitenden ✱

wesentlich. Doch woran lässt sich erkennen, welche Arten der Intransparenz sich in die abgegebene Information und im Bürgerkontakt einschleichen? Tab. 2.6 fasst beispielhafte Erfahrungen und Erlebnisse aus den Mysteries zusammen und

Tab. 2.6 Kommunikationskanäle und auftretende Arten von Intransparenz

Erlebnisse der Mystery-Bürger*innen	Auftretende Intransparenz
... auf der kommunalen Homepage/Webseite	
Informationen enthalten spezifische juristische Begriffe ohne zusätzliche verständnisunterstützende Erklärungen, sodass die gegebenen Informationen nicht eingeordnet und bewertet werden können	Sprachliche Intransparenz
Informationen werden nicht zur Verfügung gestellt (z. B. einige Gemeinden erklären nicht die Gebührenstrukturen oder geben keine Hinweise auf zusätzliche Kosten; ...)	Kosten-Intransparenz
Allgemeine Informationen werden zur Verfügung gestellt. Die Bürger*innen müssen selbst herausfinden, welche auf den eigenen Fall passen d. h. sie selbst personalisieren (z. B. welches Formular ist zu verwenden, wenn mehrere zu einer Angelegenheit verfügbar sind und warum?)	Service-Intransparenz Transfer-Intransparenz
Vorwissen ist nötig z. B. um den „richtigen" Bauantrag zu wählen	Informationsintransparenz
Es wird keine strukturierte und/oder vollständige Vorgehensweise zum Antragsprozess angeboten, wie man z. B. eine Baugenehmigung beantragt	Ablauf-Intransparenz
... via Telefon	
Es werden allg. Informationen gegeben, ohne dass diese auf den konkreten Fall übertragen oder personalisiert werden (z. B. wird den Bürger*innen gesagt, dass sie die Website nutzen sollen, aber ohne detaillierte Informationen darüber, welche speziellen Abschnitte oder unter Verwendung welcher Suchbegriffe)	Service-Intransparenz Transfer Intransparenz Kostenintransparenz
Bürger*innen benötigen Vorwissen z. B. über Bauanträge und den Prozess, um die „richtigen" Fragen stellen zu können	Informationsintransparenz, Service-Intransparenz
... vor Ort	
Bürger*innen müssen ihr Anliegen beim Wechsel des Kommunikationskanals und ggf. bei wiederholter Kontaktaufnahme erneut erklären	Zugangskanal-Intransparenz
Der Service hängt von den kontaktierten Mitarbeitenden ab (z. B. manche nehmen sich Zeit und helfen ausführlich, andere geben keine Hilfe und verweisen z. B. darauf, dass der/die Bürger*in einen Termin bei Experten machen soll – im Termin wird dann deutlich, dass dieser gar nicht notwendig war)	Service-Intransparenz, Transfer Intransparenz

benennt die damit verbundenen Arten der Intransparenz (in Anlehnung an Schenk et al. 2021)

Jede Art der Intransparenz erschwert und behindert die Bürger*innen bei der Abwicklung ihrer Anliegen und macht einen Kontakt zu den Verwaltungsmitarbeiter*innen notwendig, um diese zu klären. Denn wenn Bürger*innen nichts verstehen, können sie nicht das entsprechend notwendige Handlungswissen aufbauen. Sie sind dadurch weder entscheidungs- noch handlungsfähig und müssen bei komplizierteren Anliegen schlussendlich mehrfach den persönlichen Kontakt suchen, um alle Fragen zu klären. Dies belastet die kontaktierten Mitarbeiter*innen der öffentlichen Verwaltung zusätzlich in ihrer täglichen Arbeit und führt zu Ineffizienz.

Um sowohl Anrufe, als auch Vorort-Besuche in den Behörden zu reduzieren, wird die online-Selbstbedienung von der öffentlichen Verwaltung stark fokussiert. Mit Blick auf die Liste der auftretenden Arten der Intransparenz kann die Selbstbedienung nicht umfassend gelingen. Deshalb ist es ratsam, jeden der Transparenzaspekte bei der Entwicklung von Homepages zu berücksichtigen. D. h. die Auswertung der Selbstbedienungsergebnisse gibt sehr konkrete Hinweise darauf, wie eine Homepage zu gestalten ist.

Zum Abschluss der Phase des Perspektivwechsels werden Wertversprechen von den beteiligten Verwaltungsmitarbeiter*innen für die Service-Erbringung formuliert. Mit dem Wertversprechen wird der Mehrwert beschrieben, den die Bürger*innen erwarten dürfen, wenn sie die Verwaltungsleistung in Anspruch nehmen (siehe Bespiel in Tab. 2.7). Das Wertversprechen dient als Richtschnur für die Qualität der Service-Erbringung und ihrer Bewertung.

In der Privatwirtschaft bleiben die Kunden bei schlechtem Service einfach weg. Damit erhält ein Unternehmen direktes Feedback zu der Leistungserbringung seiner Mitarbeiter*innen. In der öffentlichen Verwaltung fehlt dieses Feedback, da die Bürger*innen nicht wählen können, in welcher Kommune sie die Dienstleistung nachfragen. Auch bei schlechtem Service können sie nicht einfach in eine andere Kommune gehen und dort ihr Anliegen erledigen. So erkennen die Verwaltungsmitarbeiter*innen selten, wie die Qualität ihrer Leistungserbringung bei den Bürger*innen ankommt und wie sie durch die Bürger*innen tatsächlich bewertet werden. Ein Wertversprechen kann hier helfen, auch wenn es von den Verwaltungsmitarbeiter*innen selbst formuliert wird, die nur vorübergehend die Bürgerperspektive einnehmen. Das Wertversprechen setzt den Qualitätsanspruch und gibt damit den Verwaltungsmitarbeiter*innen die Serviceziele bei der Leistungserbringung vor.

Ein solide aufgebautes Wertversprechen erfüllt drei Kriterien: Es ist *spezifisch* – d. h. es beschreibt die Vorteile bezogen auf den Adressaten. Es ist *problembezogen* – d. h. es fokussiert das Problem oder Anliegen, das durch das Verwaltungshandeln gelöst bzw. bearbeitet wird. Es ist *exklusiv* – d. h. es erklärt, warum es im Gegensatz zum Service aus anderen Kommunen besonders ist bzw. inwiefern der Service/das Produkt sich ggf. auch von dem in anderen Kommunen abhebt.

Ein Wertversprechen ist auf keinen Fall ein Werbeslogan. Es ist die Basis für die Qualitätskontrolle für den zu erarbeitenden Service, die dahinterliegenden Geschäftsprozesse und die Gestaltung der Touchpoints. Um das Wertversprechen messbar zu machen, werden entsprechende Evaluationskriterien für jeden Zugangskanal festgesetzt. Die Evaluationskriterien können auch als Evaluationsinstrument regelmäßig zur Überprüfung der Leistung genutzt werden. Ein Beispiel hierfür ist in Tab. 2.7 beschrieben.

Nachdem der Blick der beteiligten Verwaltungsmitarbeiter*innen für die Bürger*innen durch eigenes Erleben und Reflektieren geschärft ist, schließt diese Empathie-Phase mit der Entwicklung von kurzen Zukunftsszenarien aus Bürgerperspektive ab. Ausgehend von den Möglichkeiten, die die Trends und Entwicklungen bieten, kann jede/r beschreiben, wie der Kontakt zur Behörde nach einer Neugestaltung abläuft. Das Schreiben der Zukunftsszenarien hilft dabei, das in Abschn. 2.1 neu Gehörte und Gesehene nochmals in Erinnerung zu rufen und auf das Erlebte anzuwenden. Da selten gefordert ist, weit in die Zukunft zu denken, sondern meist verlangt wird, sich im Bereich des sofort Machbaren zu bewegen, muss dieser Schritt immer wieder geübt werden. Bei dieser Übung darf gern weit über den Tellerrand gedacht werden, getreu dem Motto: Wenn eine Idee am Anfang nicht absurd klingt, dann ist es keine neue Idee. Im Folgenden wird ein online-Szenario beispielhaft vorgestellt (siehe Tab. 2.8).

Tab. 2.7 Beispiel eines Wertversprechens gegenüber Bürger*innen eines kommunalen Fundamtes

Wertversprechen:

*„Das Fundamt ist **sehr gut erreichbar** und stellt **umfassend verständliche** Informationen bereit, so dass der Bürger/die Bürgerin handlungs- und entscheidungsfähig wird. Die Mitarbeiter*innen sind **freundlich, hilfsbereit und unterstützen**. Die Anliegen werden **schnell** bearbeitet."*

Evaluationskriterien und -aspekte:

umfassend

- Informationsbereitstellung erfolgt analog und digital
- Hinweise zu Sonderfällen – z. B. wenn es kein/e Bürger*in der eigenen Kommune ist

verständlich

- einfache Sprache, auf typische "Behördenausdrücke" und Fachbegriffe verzichten
- logische, nachvollziehbare Erklärungen (mit Beispielen unterlegt)
- Checklisten für Fundsachen-Abgabe und -Abholung mit einer Schritt-für-Schritt-Erklärung

Freundlich

- einheitliche Begrüßungsformel (Stadt, Amt, Name)
- Verhalten (freundlich, klar und deutlich in einfacher Sprache sprechen)
- Verabschiedung (Fragen, ob alles geklärt wurde und Angebot, dass man sich jederzeit wieder melden kann)

Hilfsbereit und unterstützend,

- zu Beginn des Gesprächs (situationsbedingt) erfragen, um was es geht, wie weitergeholfen werden kann und auf das individuelle Anliegen eingehen
- kontaktierte MA erklären ihre eigenen Handlungsschritte
- kontaktierte MA geben Hinweise zur Erledigung z. B. wie ein Antrag ausgefüllt werden muss
- kontaktierte MA erklären, was darüber hinaus noch beachtet werden muss

Sehr gute Erreichbarkeit:

- Telefon
  - für persönliche Anfragen durchgängig von 8:00 bis 19:00 Uhr,
    aktive Warteschleife (kein Durchklingeln) mit Hinweis, dass es einen Moment dauert
  - nach 3-maligem Klingeln wird das Telefonat beantwortet oder auf einen
    Anrufbeantworter weitergeleitet
- E-Mail
  - E-Mails werden innerhalb von 24 h beantwortet
- Homepage
  - Suchfunktion mit breiter Verschlagwortung
  - Treffer werden nach Relevanz sortiert (Archiv-Eintragungen zuletzt)
  - Mit max. 3 Klicks am Ziel – nach der Homepage
  - Alle relevanten Informationen sind zu einem Thema gebündelt und ggf. verlinkt abrufbar
  - so wenig wie möglich Datenerfassung für die Bürger*innen, wenn sie online die
    Fundsache melden
- Videochat für persönliche Anfragen durchgängig von 8:00 bis 19:00 Uhr
- Vorort-Service
  - Erreichbarkeit durchgängig von 8:00 bis 18:00 Uhr, zwei Mal pro Woche bis mind. 19 Uhr
  - individuelle Terminvereinbarungen außerhalb der generellen Öffnungszeiten

schnell:

- Fundsachen sind innerhalb eines halben Tages online abrufbar.

Tab. 2.8   Beispielhaftes Zukunftsszenario für die online-Selbstbedienung aus Bürgersicht

Ich, Max Maier, bin neu in der Kommune und kenne die örtlichen Gegebenheiten nicht. Gerade habe ich einen ledernen Geldbeutel in der Nähe der Fußgängerbrücke gefunden. Es ist 18:45 Uhr. Er ist dunkelbau, trägt ein Etikett „Lamerie" und hat unterschiedliche Fächer, die bis auf 50 € leer sind. Er sieht sehr neu aus. Damit er nicht lange bei mir herumliegt, möchte ich ihn möglichst schnell – konkret innerhalb der nächsten zwei Tage – im Rathaus abgeben.

Ich greife nach meinem Mobiltelefon und rufe die Homepage der Kommune auf. Weil ich nicht gut bin im Tippen, aktiviere ich meinen Sprach-Assistenten. Danach setze ich die Befehle ab: gehe zum Suchfeld, ok, gefunden eingeben, o.k. Sofort lande ich auf der entsprechenden Seite. Hier wird die ID für mein Bürgerkonto verlangt. Ich sage die Daten und sofort erscheint ein mit meinen Daten vorausgefülltes Formular. Ich muss nur noch die Fundsache beschreiben. Fotos von vier Seiten der Fundsache werden verlangt. Diese sind schnell gemacht. Danach gebe ich den Befehl zum Hochladen und schwupp ist alles übertragen. Jetzt habe mir noch eine Frage zum Finderlohn und so rufe ich den Chatbot auf und kläre sie. Nach Abschicken des Formulars kommt die Information, dass ich über einen speziellen QR-Code, der mir auf mein Mobiltelefon geschickt wurde, ein Abgabefach beim Rathaus öffnen und dort den Geldbeutel abgeben kann – prima, da muss ich ihn nicht einmal mit nach Hause nehmen. Alternativ könnte ich die Fundsache bei der nächsten Polizeistation oder beim Landratsamt oder in einer anderen Kommune abgeben. Solange ich den QR-Code oder das Bestätigungsschreiben aus meinem Bürgerkonto vorweise, ist alles möglich. Wo und wann ich abgebe, ist meine Sache. Ich sage „Landkarte", diese wird mir geöffnet und gleich sehe ich, ausgehend von meinen GPS-Koordinaten, wo die nächstgelegene Abgabestelle ist. In fünf Minuten bin ich dort und werfe den Geldbeutel in die Code-Box. Super!

Da ich neugierig bin, will ich gleich mal sehen, wie die Fundsachenmeldung aussieht und sage: „Zurück, o.k., Schlagwortsuche, o.k. verloren, o.k.". Jetzt lande ich auf dem Fundsachenportal und könnte mir alle Meldungen vorlesen lassen oder selbst durchscrollen. Ich will aber nur das von mir Gemeldete sehen und so sage ich „Schlagwortsuche, Geldbeutel, heute" und siehe da, es wird mir meine Meldung geöffnet. Ich sehe meine Beschreibung - natürlich ohne Fotos! Ich bin zufrieden, denn wenn ich einen Geldbeutel verloren hätte, würde ich ihn auch so schnell wie möglich wiederhaben wollen und das ist hiermit möglich.

Die Phase der Geschäftsprozesserhebung und -analyse

Mit den Mystery Shoppings und Callings sind die Touchpoints – die Schnittstellen zum Kunden – ausreichend untersucht, die Ergebnisse dokumentiert und Erkenntnisse daraus bereits in dem Wertversprechen mit den entsprechenden Evaluierungskriterien als Anforderungen an eine Neugestaltung festgehalten. Die nächste Phase konzentriert sich auf die Innenperspektive der Verwaltung – die Abwicklung der Geschäftsprozesse, die durch den Anruf, das Vorbeikommen der Bürger*in oder das Eingehen eines digitalen Antrages oder Anliegens ausgelöst werden.

Geschäftsprozessoptimierung und – (neu)gestaltung sind seit den 90er Jahren in den Blick gerückt, um in der Produkt- wie auch Dienstleistungserstellung und -erbringung effektiv und effizient zu werden (Hammer und Champy 1990). Vier Arbeitspakete sind hierfür nötig (siehe Abb. 3.1):

Arbeitspaket A: Erhebung des gesamten Ist-Prozesses
Arbeitspaket B: Auswertung des Erhobenen und grafische Darstellung
Arbeitspaket C: Analyse hinsichtlich der Optimierungs- und Verbesserungspotenziale mit Blick auf eine effizientere, medienbruchfreie digitale Bearbeitung.
Arbeitspaket D: Workshops zur Überprüfung des Verstandenen

Abb. 3.1 zeigt, wie die einzelnen Arbeitspakete ineinandergreifen. Bei Abschluss jedes Paketes erfolgt eine Ergebnisprüfung mit eventuellen Nachbesserungen vor dem Weitergehen zum nächsten Arbeitspaket.

Zu den genannten Punkten gibt es zahlreiche Literatur (u. a. DIN 158 oder Gadatsch 2020). Deshalb wird hierauf jeweils kurz und knapp eingegangen und schwerpunktmäßig Beispiele und Stolpersteine vorgestellt.

B. Schenk und C. Schneider, *Innovative Services und Prozesse für Kommunen*, essentials, https://doi.org/10.1007/978-3-658-34091-9_3

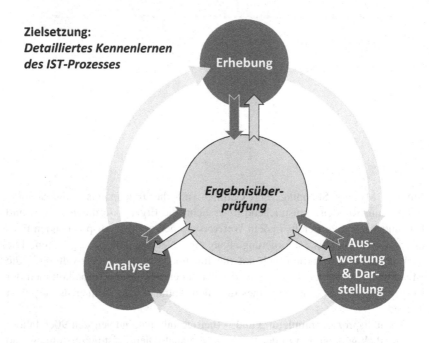

Abb. 3.1   Ineinandergreifen der Arbeitspakete zur Ermittlung des Ist-Zustandes

3.1   Arbeitspakte A: Erhebung des gesamten Ist-Prozesses

Inzwischen sehen nahezu alle Verwaltungen und Unternehmen das Geschäftsprozessmanagement als einen entscheidenden Faktor an, um schneller, kostengüns-
tiger und zielgerichteter Dienstleistungen und Produkte erstellen zu können. So
können alle Vorhaben wie Geschäftsprozess-Reorganisation oder -Optimierung,
Qualitätsmanagement, Einführung von Workflow-Management-Systemen, Einführung von Standardsoftware darunter gefasst werden. Auch Wissensmana-
gement und die Produktentwicklung überschneiden sich damit. Bei all diesen
Tätigkeitsfeldern nimmt die Modellierung von Geschäftsprozessen eine zentrale
Rolle ein. Sie wird durchgeführt bspw. zur Dokumentation des Neuentwurfs oder
der Analyse, zur Planung von Ressourceneinsatz und -überwachung, sowie zur
Steuerung und als Grundlage für die Digitalisierung. Dies bedeutet, dass sich der
damit verbundene Aufwand in vielerlei Hinsicht rechnet.

Bei der Ist-Erhebung ist eine besonders sorgfältige Aufnahme aller Daten
wesentlich, denn sie ist die Basis für jedes weitere Vorgehen. Daten, die in

der Erhebungsphase vergessen oder ungenau aufgenommen wurden, lassen sich in aller Regel später nur mit hohem Zusatzaufwand und mit Schwierigkeiten nacherheben.

Für die Modellierung eines Geschäftsprozesses stellt sich am Anfang die Frage, wo er beginnt und wo er aufhört. Denn per Definition hat jeder Geschäftsprozess einen definierten Anfang im Sinne eines auslösenden Ereignisses und ein definiertes Ende im Sinne eines gewünschten Zielzustands. Doch wo liegt der Anfang in der realen Welt? Bei Kunden- bzw. Bürgerprozessen ist das z. B. die Abgabe eines Antrages, der den Bearbeitungsprozess „Antragsgenehmigung" auslöst. Bei internen Geschäftsprozessen ist das z. B. der Eingang einer Personalgenehmigung, die zum Prozess „Personaleinstellung" führt. Das bedeutet, dieses Anfangsereignis löst immer eine Kette an Aktivitäten aus, die zeitlich und sachlogisch in einem Zusammenhang stehen und zu einem definierten Ergebnis führen, z. B. zu einer angenommenen Fundsache, einer erteilten Baugenehmigung oder zu neuen Mitarbeiter*innen. Bei den einzelnen Aktivitäten werden unterschiedliche Unterlagen, Werkzeuge wie Softwareprogramme oder auch digitale wie reale Aktenmappen genutzt, Informationen von anderen Stellen eingeholt, eventuell Gebühren erhoben etc. All dies gilt es, herauszufinden und festzuhalten.

Um die erforderlichen Daten für die Darstellung der Ist-Situation zu gewinnen, eignen sich unterschiedliche Methoden. Zwei davon sind die Dokumentenanalyse und die Interviewtechnik.

Die Dokumentenanalyse konzentriert sich auf alle relevanten Dokumente, die im Zuge des Geschäftsprozesses entstehen, verwendet oder auch vernichtet werden. Diese werden hinsichtlich ihres Verwendungszwecks nach enthaltenen Daten und Informationen ausgewertet. Beispiele für Dokumente sind u. a. Formulare wie Verlustanzeigen bei Fundsachen, Richtlinien für die Bearbeitung z. B. was bei größeren gefundenen Geldbeträgen zu gewährleisten ist, Handlungsleitfäden, aber auch die Korrespondenz, die für die Erledigung notwendig ist.

Halbstandardisierte Interviews werden mit den am gesamten Geschäftsprozess beteiligten Stelleninhaber*innen geführt, um zu erfahren, warum sie was mit wem wann und zu welchem Zweck tun. Da ein Ziel die unterstützende Digitalisierung ist, werden auch alle Aspekte einer Telekooperation betrachtet (Schwabe und Krcmar 1996). Speziell interessieren alle Aktivitäten der Beteiligten, also wann sie aktiv werden (Auslöser), was sie genau machen (Schritt für Schritt), ihre aktuelle Arbeitsweise d. h. wie sie es machen inkl. eingesetzter Werkzeuge, Methoden und Techniken. Ebenso interessiert, welche anderen Stellen und Personen beteiligt sind, welche Fragen oder Zuarbeiten andere Personen beantworten oder leisten. Bedeutsam ist auch, welche Fragen sich die Mitarbeiter*innen selbst bei der Bearbeitung stellen und wo sie Antworten darauf finden, welches Arbeitsergebnis herauskommt, wie dieses dokumentiert und an die nächste beteiligte

Stelle weitergegeben wird. Wenn bei der Bearbeitung Entscheidungen getroffen werden, ist die Frage, nach welchen Kriterien wie entschieden wird und ob die Kriterien variieren können, sowie wenn ja, warum.

Darüber hinaus sind Fragen wesentlich, die die Stolpersteine herausarbeiten helfen: „Was macht Ihnen am meisten Mühe?", „Über was ärgern Sie sich bei der Erledigung häufig?", „Was sollte Ihrer Meinung nach verändert werden und warum?", „Was darf auf keinen Fall verändert werden und warum?". „Was wünschen Sie sich für Ihre Arbeit und warum?". Als letztes wird der Arbeitsplatz mit all seinen Werkzeugen, Materialien und Geräten betrachtet und die Frage gestellt, ob dieser funktional ist und welche Vor- oder Nachteile bei der Aufgabenerledigung entstehen. Die Interview-Ergebnisse werden systematisch dokumentiert und analysiert, um die Reihenfolge der Aktivitäten herauszuarbeiten, die damit verbundenen Probleme systematisiert festzuhalten und erste Lösungsansätze zusammenzustellen, die von den Interviewten vielleicht schon angeregt wurden. So entsteht als Ergebnis eine vollständige Beschreibung der Aktivitäten jeder interviewten Person, angefangen bei dem Auslöser, durch den sie aktiv wird, über die notwendigen Schritte der Aufgabenerledigung mit den verwendeten Hilfsmitteln und Werkzeugen etc. bis hin zum Endergebnis, das an eine nächste Behörde weitergegeben oder dem Bürger bzw. der Bürgerin ausgehändigt wird. Begleitend kann ein Interaktionsdiagramm erstellt werden, also wer mit wem für die Bearbeitung in Kontakt tritt, sowie Übersichten über verwendete Hilfsmittel, Werkzeuge etc.

Häufig besteht in der Praxis die Tendenz, nur Teilgeschäftsprozesse unter die Lupe zu nehmen und nicht den Gesamtprozess. Für schnelle, kurzfristige Optimierungsziele mag das genügen. Für eine langfristige, strategische Neuausrichtung genügt es nicht. Denn Neugestaltung kann nicht innerhalb eines Teilprozesses realisiert werden, sondern kann nur über den Gesamtprozess hinweg erfolgen. Nur dann sind wirklich alle Potenziale einer Effizienzsteigerung, Kostensenkung und die Optimierung der Touchpoints zu heben.

Nicht selten ist unklar, wer alles an der Abwicklung eines Geschäftsprozesses beteiligt ist. Besteht diese Unsicherheit, kann ein Laufzettel eingesetzt werden, der an das Dokument, das die Bearbeitung auslöst wie z. B. einen Antrag oder einen Brief, angehängt wird. Neben einem Hinweis, an wen der Laufzettel zurückgesendet werden soll, wenn das Endprodukt entstanden bzw. der Service erbracht ist, sollte es mindestens vier Spalten geben: Eingangsdatum, Uhrzeit des Bearbeitungsstarts, Bearbeiter*in, Beschreibung des Arbeitsschrittes und Datum mit Uhrzeit der Weitergabe. Diese Laufzettel sollten je nach Häufigkeit des auftretenden Anliegens unterschiedlich lang eingesetzt werden. Bei Produkten oder Dienstleistungen, die mehrfach am Tag von den Bürger*innen erfragt werden, genügt es, drei oder vier Tage lang Laufzettel mitzuschicken. Bei Anliegen, die nur ein oder zwei Mal im Monat nachgefragt werden, sollten über einen längeren Zeitraum Laufzettel angehängt werden. Die Analyse der zurückkommenden Laufzettel gibt Auskunft über a) die Zeitspanne, in der der Service bzw. das Produkt erstellt wird, die sog. Durchlaufzeit, und die Zeitspannen an den jeweiligen Stellen, b) alle beteiligten Stellen und c) die Arbeitsschritte, die mit der Produkterstellung verbunden sind. Vielleicht lassen sich auch schon erste Hinweise auf Doppelarbeit erkennen, etc.

Für einen schnellen Überblick, kann eine Liste aller am Geschäftsprozess Beteiligten erstellt werden. Da aus reinen Auflistungen jedoch nicht ersichtlich wird, wer mit wem im Verlauf der Leistungserbringung in Kontakt tritt, kann ergänzend oder alternativ ein Interaktionsdiagramm erstellt werden. Dieses beinhaltet die beteiligten Organisationseinheiten und Personenkreise, sowie Pfeile zwischen den beteiligten Stellen. Die Pfeile stehen für die Kommunikation bzw. Interaktion zwischen den Stellen (siehe Abb. 3.2).

Sind die beteiligten Stellen bekannt, lassen sich die Interviews planen. Dabei kommt bei vielen Beteiligten gern die Frage auf, ob tatsächlich alle Stellen befragt werden müssen, um Aufwand zu sparen oder auch schneller voran zu kommen. Diese Frage muss für die intern wie auch für die extern Beteiligten beantwortet werden.

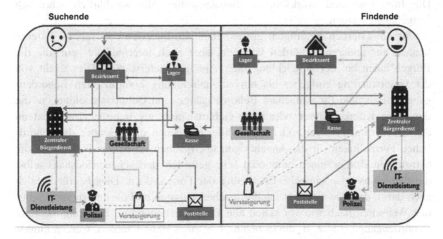

Abb. 3.2 Interaktionsdiagramm beteiligter Organisationseinheiten. (In Anlehnung an Berweiler et al. (2021): Smartes Fundamt 2035, unveröffentlichte Präsentation, Januar 2021, S. 6)

Für die internen Stellen ist zu berücksichtigen, dass ein Interview nicht nur Belastung, sondern auch Beteiligung und Wertschätzung den Stelleninhaber*innen gegenüber darstellt. Damit hat ein Interview Signalwirkung. Gleichzeitig bringen Interviews in aller Regel detailliertere Ergebnisse als Workshops. In Workshops können unter Umständen wichtige Einzelinformationen verloren gehen. Denn manche Menschen haben die Tendenz, sich ihren Vorrednern anzuschließen, weil sie sich scheuen, ihre eigene evtl. abweichende Vorgehensweise zu erläutern. Diese Zurückhaltung befeuern Personen, die ihre eigene Vorgehensweise zum Maßstab aller Dinge erklären und sehr dominant auftreten. Wieder andere Personen hören auf zu denken, wenn bereits etwas gesagt wurde. Wenn die Workshopleitung in der Moderation nicht ausreichend geübt ist, werden die Ergebnisse mager sein. So gilt es, eine gute Mischung von Einzelinterviews und Workshops zu finden.

Ein Mittelweg sind Einzelinterviews mit wenigen ausgewählten Personen je Teilprozess, die besondere Einblicke geben können. Dies sind beispielsweise Personen, die am längsten oder am kürzesten diese Aufgabe innehaben, sowie Personen, die als Leistungsträger*in gelten oder die höchste Fachexpertise besitzen. In Einzelinterviews können sie detailliert befragt werden und ungebremst durch Kolleg*innen, ihren eigenen Arbeitsstil und ihre Arbeitsschritte erklären. Alle weiteren Personen eines Teilprozesses können in Workshops zusammengefasst werden, um die im Interview gestellten Fragen gemeinsam zu beantworten. Die Interview- und Workshop-Ergebnisse sollten alle ausführlich schriftlich festgehalten werden.

Für die externen Beteiligten gilt es, ebenfalls Interviews zu führen. Externe können aus anderen Behörden kommen, aber auch Intermediäre sein, die die Bürger*innen bei der Abwicklung ihrer Anliegen unterstützen. Dies reicht von der Unterstützung einfacher bis hin zu vielschichtig komplizierten Behördengängen. Beispiele für einfachere Behördengänge sind Geburtsanmeldungen, die durch die Krankenhäuser oder auch Geburtshäuser als Intermediäre direkt an das Standesamt erfolgen, oder Sterbefälle, bei denen die Bestatter die behördlichen Formalitäten für die Angehörigen übernehmen. In beiden Fällen sind die betroffenen Bürger*innen emotional sehr gefordert und scheuen deshalb selbst die vergleichsweise einfache Erledigung der Formalitäten. Dies begründet sich auch darin, dass sie sich erst kundig machen müssten und die Informationen auf den Webseiten nach wie vor selten alle Fragen beantworten. Für kompliziertere Behördengänge, wie z. B. die Genehmigung eines Haus-Umbaus, werden umfassende einschlägige Kenntnisse notwendig, die die Bürger*innen sich ab einem gewissen Grad nicht mehr aneignen können, sodass sie dann auf Architekten, Bausachverständige, Handwerker u. a. zurückgreifen. Interessant ist, dass in allen Fällen Mitarbeiter*innen der Behörden versuchen, die Intermediäre ins Spiel zu bringen, da diese ihren Fachjargon verstehen und sprechen, bereits routiniert in der Abwicklung sind und sie die einzelnen Personen dann aus den mehrfachen Kontakten schon kennen und einschätzen können. Häufig ist auch nicht mehr das Wissen bei den Mitarbeiter*innen vorhanden, ob diese Intermediäre notwendigerweise zwischengeschaltet werden müssen. Dass durch Intermediäre den Bürger*innen zusätzlich Kosten entstehen, die bei einer bürgerorientierten Aufbereitung von Informationen und entsprechender Dienstleistungsgestaltung gar nicht anfallen würden, ist wenigen Mitarbeiter*innen in den Behörden bewusst oder bekannt. Ebenso unbewusst oder unbekannt ist die Tatsache, dass die öffentliche Verwaltung im Auftrag des Staates, und damit der Bürger, handelt. Die öffentliche Verwaltung müsste eigentlich dafür Sorge tragen, dass für die Behördengänge alles Wissenswerte verständlich und umfassend präsentiert wird, um die Bürger*innen zu befähigen, weitgehend kostensparend ihre Anliegen selbstständig abwickeln zu können. Um den Nutzen der Neugestaltung später berechnen zu können, sind in diesen Interviews auch die zusätzlichen Kosten für die Bürger*innen mit zu erheben.

Als Nächstes stellt sich die Frage, wo anfangen mit der Neugestaltung und wo aufhören. Dafür muss das Volumen der internen Geschäftsprozesse ermittelt werden. D. h. es muss herausgefunden werden, wie häufig jeder Geschäftsprozess angestoßen und durchlaufen wird. Daran lässt sich erkennen, wie relevant eine Neugestaltung ist. Wird ein Geschäftsprozess nur zwei oder drei Mal im Jahr durchlaufen, ist er gegenüber einem Geschäftsprozess, der 3050 Mal angestoßen wird, weniger relevant. Bezogen auf das Beispiel Fundsachen sind die Fragen zu klären, wie viele Fundsachen in der Woche, in den Monaten und im Jahr in den einzelnen Servicestellen (in der Kernstadt, den Bezirksämtern, bei der Polizei u. a.) abgegeben und wie viele an Suchende ausgegeben werden, wie viele Fundsachen nach Fristablauf in eine Versteigerung kommen, wie lange Fundstücke eingelagert werden und wie viele schlussendlich vernichtet werden etc.

Darüber hinaus wird ermittelt, wie viel Zeit auf welche Aktivität entfällt, um zu ergründen, welche Arbeitsschritte Zeit- und Kostenfresser sind. Dies ist ein Schritt, der viel Mühe macht, da Mitarbeiter*innen zum einen ungern darüber Auskunft geben und zum anderen nicht darauf achten, wie viel Zeit sie auf ihre Arbeitsschritte verwenden. Dies sind jedoch wesentliche Kennzahlen, um später überprüfen zu können, ob ein neuer Geschäftsprozess tatsächlich eine Verbesserung darstellt. Gleichzeitig ermöglichen die Kennzahlen einen interkommunalen Vergleich, sodass in Vergleichsringen im Austausch darüber voneinander gelernt werden kann. Es sind die Bearbeitungs-, Rüst- und Liegezeiten zu ermitteln, die sich dann addiert zur Durchlaufzeit zusammensetzen. Hierfür kann ebenfalls der bereits erwähnte Laufzettel dienen, wenn Eingangs- und Ausgangsdatum mit Uhrzeit je Arbeitsschritt zusätzlich eingetragen werden.

3.2   Arbeitspaket B: Auswertung des Erhobenen und grafische Darstellung

Die dort festgehaltenen Ergebnisse sind in aller Regel mit Worten beschrieben, manchmal auch in Skizzen, die ohne Erklärung nur für den Ersteller verständlich sind. Für die Analyse und auch Diskussion der Ergebnisse eignen sich keine seitenlangen umgangssprachlichen Beschreibungen. Deshalb wurden Modellierungsmethoden entwickelt, um die Geschäftsprozesse formal zu beschreiben. Bei der Suche nach der besten Modellierungsmethode entstanden je nach Zweck unterschiedliche: tabellarische, grafische/Piktogramm-basierte, logikorientierte und schlussendlich auf die Programmierung bezogene Modellierungssprachen. Jede hat ihre Vor- und Nachteile (siehe hierzu Gadatsch 2020) und so werden diese häufig auch kombiniert.

Dienen die Geschäftsprozessmodelle dazu, mit den an der Neugestaltung Beteiligten in die Diskussion zu gehen und auch anderen Verwaltungsmitarbeiter*innen den Überblick über den Zusammenhang der verschiedenen Geschäftsprozesse zu geben, müssen diese leicht verständlich sein. Zum Zweck der Geschäftsprozessanalyse muss sichtbar werden, wo Doppelarbeit oder auch nicht notwendige Tätigkeiten erfolgen etc. Diese Anforderungen erfüllen grafische Modelle in Kombination mit Checklisten also z. B. Ablaufdiagramme, ARIS, Business Modelling Process Notation, *PICTURE*.

Da die aufgenommenen Geschäftsprozesse mit all ihren Teilprozessen meist vielschichtig und komplex sind, lohnt es sich, die Erhebungsergebnisse softwaregestützt zu dokumentieren, zu modellieren, zu analysieren und grafisch darzustellen. Hierfür gibt es zahlreiche Softwaretools, deren Einsatz alle folgenden Schritte erleichtert.

Um die Geschäftsprozess-Modelle und -Checklisten erstellen zu können, müssen alle Interview- und Workshop-Ergebnisse ausgewertet, zusammengeführt und übersichtlich dokumentiert werden. Dies gilt in Bezug auf a) die logische Abfolge der einzelnen Aktivitäten im Geschäftsprozess und b) die Probleme mit evtl. Lösungsmöglichkeiten.

In aller Regel werden die Aktivitäten mit allen dazugehörigen Organisationseinheiten, Informationsobjekten (z. B. Richtlinien, Gesetze, Formulare), genutzten Werkzeugen (z. B. Software, Aktenmappen) und Hilfsmitteln erfasst. Nicht selten werden Geschäftsprozesse grobgranular d. h. in größeren Aktivitätsblöcken dokumentiert (siehe Tab. 3.1), um den Dokumentationsaufwand zu reduzieren.

Mit einem Blick auf diese Tabelle stellt man fest, dass die Geschäftsprozessanalysierenden wenig über die einzelnen Aktivitäten erfahren. Warum ist dies so? Die einzelnen Tätigkeiten sind zusammengefasst zu übergeordneten Aktivitäten (z. B. „Meldet Fundsache") und damit geht verloren, was tatsächlich an

Tab. 3.1 Beispielhafte tabellarische Dokumentation von Geschäftsprozessen

Nr	Org. Einheit	Aktivität	Informationsobjekt	Software/Daten
1	Bürger	Meldet Fundsache		
2	Fundamt	Prüft den Fundsachenwert: <50 €, >50 €	Richtlinie X17	
3		Objekt ist >50 €: Fundsache aufnehmen	Formular Fundsachenmeldung	
4		Fundsache einlagern	Lagerzettel	
5		Fundsache veröffentlichen	Fundsachenbuch	FuSaX
...				

einzelnen Tätigkeitsschritten erfolgt. Dies spart zwar Zeit bei der Dokumentation, doch Probleme werden nicht sichtbar und für eine eventuelle Automatisierung fehlen Grundlageninformationen. Es ist z. B. nicht mehr erkennbar, dass die Mitarbeiter*in eine Kopie vom Ausweis der Finder*in macht und mit der Fundsache zusammen ablegt, auch ist nicht ersichtlich, dass die Fundsache für die Einlagerung in eine Plastiktüte kommt, die dann mit einer Nummer beschriftet und im Fundbuch eingetragen wird. Es fehlen die Angaben darüber, welche Daten im analogen Fundbuch, wie auch in einer Excel-Liste eingetragen werden und damit kann in der späteren Analyse nicht erkannt werden, ob an anderer Stelle diese Daten nochmals erfasst werden und damit eventuell Doppelarbeit vorliegt. Dieses Beispiel zeigt, dass die Geschäftsprozessanalyse von der Feingranularität lebt, also von der Dokumentation der Einzelheiten. Erst wenn diese vorliegen, kann in der Analyse schrittweise untersucht werden, ob

- die einzelnen Tätigkeiten in einer logischen Abfolge liegen oder nicht,
- Doppelarbeit auftritt, die vermieden werden kann,
- Arbeitsschritte „vergessen" werden könnten und dann zu Inkonsistenzen führen,
- manche Tätigkeiten gar nicht notwendig sind, weil das daraus resultierende Ergebnis später nicht weiterverwendet wird,
- Arbeitsschritte, die von unterschiedlichen Personen oder Organisationseinheiten durchgeführt werden, zusammengefasst werden könnten, um die Durchlaufzeit zu verkürzen,

- Arbeitsschritte auf andere Personen bzw. Organisationseinheiten verlagert werden sollten, um Rüstzeiten zu vermeiden,
- usw.

Ergebnis dieses Dokumentationsschrittes ist eine zusammenfassende Tabelle, die die Reihenfolge und die Art der Tätigkeit, die dafür notwendigen Dokumente, beteiligte Personen, genutzte Hilfsmittel – auch Softwareprogramme – und Materialien, sowie Entscheidungen, die getroffen werden, das Ergebnis der Tätigkeit sowie eventuell auch schon auftretende Probleme erkennen lässt.

Wie beschrieben, gibt es generell unterschiedliche Arten, die Ergebnisse festzuhalten. Zwei ergänzen sich und sollten deshalb immer zusammen eingesetzt werden: die tabellarische und die grafische Darstellungsart. Tabellarische Dokumentationen können als Checklisten verwendet werden. Doch sind sie eingeschränkt übersichtlich, da sie sehr lang und damit nicht auf einen Blick zu erfassen sind. Zudem sind in Beschreibungen Rücksprünge zu vorigen oder Verzweigungen zu anderen Aktivitäten nicht leicht zu erkennen. Dies ist leichter in grafischen Modellen erkennbar. Deshalb werden Geschäftsprozesse in aller Regel zusätzlich grafisch modelliert. Die Grafiken können mit entsprechenden Modellierungssprachen, basierend auf der tabellarischen Dokumentation, zügig erstellt werden. Speziell für die öffentliche Verwaltung wurde *PICTURE* von der Universität Münster entwickelt. *PICTURE* ist gleichzeitig Modellierungsmethode und Prozessplattform. D. h. man arbeitet softwaregestützt visuell mit fertigen Bausteinen, um einen Prozess abzubilden[1].

Eine weitere, weit verbreitete Modellierungssprache ist *BPMN* (Business Process Model and Notation), die von IBM entwickelt und von der Initiative Business Process Management Initiative (BMPI) 2004 veröffentlicht wurde. Im Juni 2005 ging diese in das Business Modelling & Integration über.[2]

Als letztes Beispiel sei die Methodik *erweitere Ereignisgesteuerte Prozesskette* (eEPK) genannt, die in den 90er Jahren durch Prof. Scheer gemeinsam mit SAP im Rahmen des sog. ARIS-Modell (Architektur integrierter Informationssysteme) entwickelt wurde. In ARIS werden die Geschäftsprozesse als Steuerungsinstrument der Leistungserstellung betrachtet. Sie dienen dazu, eine Dienstleistung bzw. ein Produkt von der Kundenanfrage bis hin zur Abnahme so zu steuern, dass alles Notwendige, angefangen von den Mitarbeitenden, über Informationen und Daten, Tools und Techniken, Materialien und Hilfsmittel zur Verfügung

---

[1]https://www.picture-gmbh.de/methode/, Zugriff 02.02.2021.

[2]https://www.omg.org/bmi/

steht und die Verbindungen zwischen Organisationseinheiten nahtlos funktio-
nieren. Die eEPK setzt sich aus Ereignissen (=Zustände) und sie auslösende
Funktionen (=Aktivitäten) zusammen, an die wiederum Organisationseinheiten,
Informationsobjekte etc. gebunden sind. Ihr Vorteil liegt darin, dass der Gesamtzu-
sammenhang zwischen Aufgaben, Organisationseinheiten und Informations- und
Kommunikationstechnologie sichtbar macht. (Scheer 2002)

Unabhängig von der gewählten Modellierungsmethode bzw. -sprache ist es
wichtig, einen Überblick über den Zusammenhang der Geschäftsprozesse, die
beteiligten Organisationseinheiten, die grobe Prozessabfolge sowie die Art der
Prozesse – Management-, Kern- und Supportprozesse – zu erhalten.

Managementprozesse umfassen die Strategie-Entwicklung, die Definition von
Zielen, Personalführung, Qualitätsmanagement, Projektmanagement, Risikoma-
nagement und Finanzmanagement. *Kernprozesse* sind alle auf die Bürger*innen
ausgerichteten Prozesse. Sie sind von zentraler Bedeutung, da sie sich auf die
Erbringung der Dienstleistung bzw. Produkterstellung beziehen. *Supportprozesse*
sind zur Unterstützung der Kernprozesse da. Sie beziehen sich nie auf externe
Kunden bzw. Bürger*innen, sondern immer auf die verwaltungsinternen „Kunden". Beispiele hierfür sind das Personalwesen, das Finanzwesen mit der Kasse,
die IT-Abteilung etc. Diesen Überblick bietet die sog. Prozesslandkarte (siehe
Abb. 3.3).

Doch wie kommt man zu einer Prozesslandkarte? Bei der Analyse ergibt
sich, welche Organisationseinheiten beteiligt sind und wie deren Teilprozesse
sich zu einem gesamten Geschäftsprozess zusammenfügen. Am Beispiel „Fundamt" zeichnet sich ab, dass sich unter der Überschrift *Fundsachenabwicklung*
zwei Geschäftsprozesse fassen lassen: die „Fundsachenannahme" und die „Fund-
sachenabgabe". Diese splitten sich entsprechend der Aufgabenbereiche der
Organisationseinheiten in unterschiedliche Teilprozesse.

Nachdem die grobe Sichtung der Geschäftsprozesse abgeschlossen und die
Geschäftsprozesslandkarte erstellt ist, werden entlang der dokumentierten Aktivitäten die einzelnen Teilprozesse modelliert. Unabhängig von der Modellierungsmethode ist dabei wichtig, dass alle Ungereimtheiten markiert werden. Die
Mitarbeiter*innen sollen diese sofort erkennen und auch sehen können, wo diese
auftreten (siehe Abb. 3.4). Dies ist wichtig, da die Ist-Prozesse im Rahmen
der Überprüfung der Interviewergebnisse mit den Mitarbeiter*innen nochmals
diskutiert werden. Aber auch später wird dies noch einmal relevant, wenn die
„alten" Prozesse den neu entworfenen Soll-Prozessen gegenübergestellt werden.
Erschließt sich den Verwaltungsmitarbeiter*innen durch diese Markierungen der
Ungereimtheiten im Ist-Prozess bei der Gegenüberstellung des Soll-Prozesses,

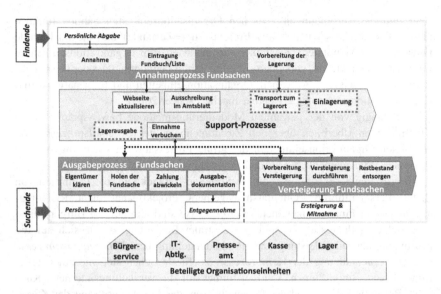

Abb. 3.3 Prozesslandkarte am Beispiel Fundsachenabwicklung

wie sich die Problempunkte aufgelöst haben, erhöht dies die Akzeptanz für die anschließende Implementierung des veränderten Prozesses.

Bereits im Interview angesprochene, wie auch beim Modellieren erkannte Probleme sollten während der Modellierung und Analyse der Ist-Prozesse fortlaufend in einer Liste ebenso festgehalten werden, wie eventuelle erste Lösungsvorschläge durch die Mitarbeiter*innen. Sobald die Soll-Prozesse erarbeitet sind, kann anhand dieser Liste abschließend geprüft werden, ob alle Probleme gelöst wurden.

3.3   Arbeitspakt C: Analyse des Optimierungs- und Verbesserungspotenzials

Nachdem in der Erhebungsphase die Ist-Prozesse mit allen Tätigkeiten bzw. Aktivitäten erfasst wurden, folgt jetzt die Analyse der Schwachstellen. Erste Ideen für Optimierung und Verbesserung, die meistens bereits in den Arbeitspaketen A und B entstanden sind, werden jetzt aufgegriffen. Darüber hinaus werden weitere Optimierungspotenziale erarbeitet. Schwachstellenanalyse braucht Zeit und Ruhe zum

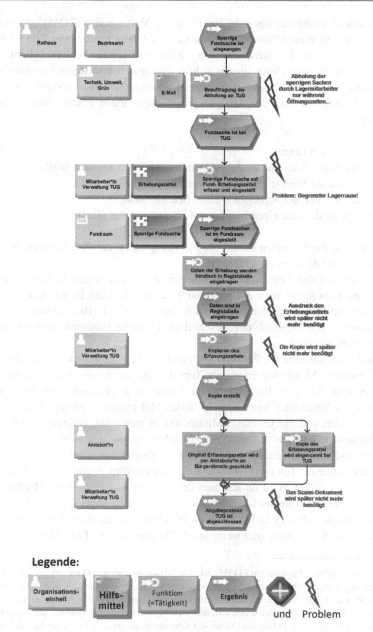

Legende:

Organisations-einheit | **Hilfs-mittel** | Funktion (=Tätigkeit) | Ergebnis | und | Problem

Abb. 3.4 Teilgeschäftsprozess Ist-Darstellung inkl. Problempunkten

Durchdenken. Unter der aus dem Total Quality Management (TQM)[3] stammenden Devise *„Nicht die Mitarbeiter*innen machen Fehler, sondern der Prozess lässt Fehler zu"*, sind die Geschäftsprozesse auch systematisch auf Fehlermöglichkeiten hin zu durchleuchten. Durch diesen Schritt lassen sich Widerspruchsbearbeitung und -kosten sowie Nachbesserungen unter Umständen drastisch reduzieren.

Gleichzeitig wird bei der Analyse jeder festgehaltene Schritt dahin gehend überprüft,

- ob er entfallen kann,
- zum richtigen Zeitpunkt in der Aktivitätenkette durchgeführt wird,
- mit tauglichen Werkzeugen und Materialien ausgeführt wird,
- nur die wirklich notwendigen Stellen beteiligt sind,
- beteiligt wird, wenn eigentlich nur informiert werden müsste,

etc. All diese Fragen zielen darauf ab, die Komplexität der Geschäftsprozesse zu reduzieren und diese zu verschlanken.

Speziell bei der Frage, ob wirklich nur die notwendigen Stellen beteiligt sind, muss man hierzu auch die Schnittstellen zwischen den Beteiligten betrachten. Dies betrifft die Schnittstelle nach außen zu den Bürger*innen, sowie alle Schnittstellen innerhalb der Geschäftsprozesskette behördenintern wie auch behördenübergreifend.

An der Schnittstelle der Behörde nach außen gibt es in größeren Verwaltungen häufig mehrere Mitarbeiter*innen als Kontaktpersonen für die Bürger*innen. So kann es sein, dass eine Bürgerin bei mehrmaliger Kontaktaufnahme mit unterschiedlichen Mitarbeiter*innen spricht. Jedes Mal muss das Anliegen aufs Neue erklärt werden und die jeweilige Mitarbeiter*in muss sich erstmalig eindenken und verstehen, um was es geht. So entstehen auf beiden Seiten ein höherer Zeitaufwand und damit auch höhere Kosten. Zwar kann durch spezielle Informationssysteme ein Teil der Probleme aufgefangen werden, doch nicht in Summe (Schenk et al. 2021). Wird im Rahmen der Mystery Callings (siehe Abschn. 2.2, Phase des Perspektivwechsels) mehrfach bei einer Stelle angerufen, wird über die Auswertung der Mystery Dokumentation ersichtlich, ob die Kontaktpersonen zum gleichen Aspekt wechseln und wenn ja, ob die jeweils neue Kontaktperson sofort

---

[3]Das Total-Quality-Management (TQM) ist eine Methode, mit der Markterfolg durch Qualität der angebotenen Produkte und Dienstleistungen erreicht werden soll. Ziel ist es, durch höhere Produktivität, geringeren Fehlleistungsaufwand und niedrigere Kosten einen größeren Unternehmenserfolg zu erreichen (Malorny 1996). Das Prinzip ist gut auf die öffentliche Verwaltung übertragbar, da hier die Prämissen Kostenminimierung bei gleicher Leistung oder Leistungsmaximierung bei gleichem Aufwand sind.

Bescheid weiß, weil sie zum Vorgang informiert ist und ohne große Rückfragen helfen kann.

Gibt es bei Services, für die mehrere Verwaltungsstellen und evtl. auch mehrere Behörden beteiligt sind immer die gleiche Kontaktperson, ist die Forderung nach *„one face to the customer"* (Becker und Knackstedt 2002) bereits umgesetzt. Diese Kontaktperson koordiniert dann die Leistungserbringung der unterschiedlichen beteiligten Verwaltungsstellen sowohl intern wie auch behördenübergreifend. Vorteile sind, dass nicht mehr die Bürger*innen von Stelle zu Stelle laufen müssen und Informationsverluste vermieden werden.

Wechseln die Ansprechpersonen, ist die Frage, ob eine Dokumentation der bereits gegebenen Informationen und deren Verwendung bei weiteren Kontaktaufnahmen gewinnbringend genutzt werden kann. Lösungen für die Dokumentation der Bürgerkontakte gibt es zahlreiche, da diese Problematiken schon lange bei verwaltungsähnlichen Dienstleistungsunternehmen wie Banken oder Versicherungen im Fokus stehen. Beispielsweise werden dort Customer-/Citizen-Relationship-Systeme (sog. CRS) (Wells et al. 1999) eingesetzt, um den Kundenkontakt zu dokumentieren. Rufen Bürger*innen eine zentrale Telefonnummer oder einen Infopoint für eine Erstauskunft an, wird dort schon eingetragen, mit welcher Frage zu welchem Service oder Produkt bzw. Anliegen sich die Bürger*innen gemeldet haben und welche Information abgegeben wurde. Existiert eine Trennung von Erstberatung (Front Office) und reiner Sachbearbeitung (Back Office) werden diese Vorgänge anhand digitaler Aktennotizen festgehalten. Da jede dieser Lösungen einen Teilaspekt abdeckt, können diese kombiniert werden.

3.4   Arbeitspakt D: Workshops zur Überprüfung des Verstandenen

Die in Arbeitspaket B entstandenen Modelle werden mit möglichst vielen an der Leistungserbringung beteiligten Verwaltungsmitarbeiter*innen am besten gemeinsam in einem Workshop überprüfend durchgegangen. All die zuvor aufgeführten Fragen werden dabei nochmals diskutiert und geklärt. Im Vordergrund steht die Frage, ob die Modelle tatsächlich die Ist-Situation erfassen oder ggf. noch Aspekte fehlen bzw. missverstanden wurden. Nicht selten zeigt sich, dass Arbeitsschritte nicht erklärt wurden oder dass unterschiedliche Mitarbeiter*innen für ein und die gleiche Aufgabe sehr unterschiedliche Lösungswege entwickelt haben. Besonders interessant ist es, wenn bei gleichen Aktivitäten bestehende Richtlinien und Vorgaben unterschiedlich interpretiert wurden oder gar keine Vorgaben dazu existieren und jede Person ihre eigenen Vorstellungen zugrunde gelegt hat. Hier gilt es dann auch eine gemeinsame Grundlage für die Leistungserbringung zu erarbeiten. Ideen für Lösungen und neue Herangehensweisen werden aufgriffen, diskutiert und festgehalten. Dies ist alles wertvoll, denn darüber ergeben sich fruchtbare Diskussionen und es wird deutlich, dass auch schon heute nicht nur eine einzige Lösung existiert und die Offenheit für Änderungen wird damit unterstützt. Aus diesem Grund sollte genügend Zeit für diesen Workshop eingeplant werden und/oder eine Reihe an Workshops erfolgen.

Auch die gefundenen Verbesserungs- und Optimierungsvorschläge werden mit den Verwaltungsmitarbeiter*innen, diskutiert. Ziel ist es herauszufinden, ob eventuelle Verbesserungen durch rechtliche Einschränkungen, organisatorische Vorgaben etc. nicht möglich sind oder als nicht praktikabel bei der Umsetzung eingeschätzt werden. Denn die tagtäglich in den Prozessen Arbeitenden haben in aller Regel das Hintergrundwissen, um dies sagen zu können. In dieser Diskussion liegt jedoch auch die Gefahr, dass Verwaltungsmitarbeiter*innen, die neuen Ideen zunichtemachen und die Veränderung ablehnen, mit Hinweis auf bestehende rechtliche Regelungen. Workshopmoderator*innen sollten deshalb darauf achten, dass die Hinweise erstmal nur aufgenommen werden. Ggf. lassen sich Vorgaben und Richtlinien ändern und die Ideen dann auch umsetzen.

Je nach Diskussions- und Workshop-Ergebnis werden a) evtl. missverstandene Arbeitsschritte und Problem-Sachverhalte in der Dokumentation korrigiert, b) die für den Soll-Prozess entstandenen Erkenntnisse festgehalten und c) zum Abschluss die Ist-Prozesse als „abgenommen" markiert. Die Erhebung des Ist-Zustandes ist abgeschlossen, wenn für alle Teilprozesse die Modelle vorliegen, von den darin arbeitenden internen wie externen Personen freigegeben wurden, „alle" Schwachstellen herausgearbeitet sind und die Problem-Lösungs-Liste erstellt ist.

Touchpoint und Service-Design

4

Schritt 3 der Innovativen Prozessmodellierung:
In der jetzt beginnenden kreativen Phase werden die Touchpoints d. h. die Kontaktpunkte zum Kunden bzw. den Bürger*innen mit Blick auf aktuelle Trends und Entwicklungen überdacht und entsprechend angepasst oder auch neu entwickelt. Erst wenn für alle drei Zugangskanäle – Homepage, Telefon und vor-Ort-Service – ein Entwurf vorliegt und diese einzelnen Entwürfe zu einem Gesamtentwurf weiterentwickelt wurden, werden die Soll-Prozesse davon ausgehend gestaltet. Denn ein Geschäftsprozess beginnt mit den Kunden/Bürger*innen und endet bei diesen!

4.1 Design Thinking – Ein Weg zu neuen Touchpoints

Um zu einer Neugestaltung der Touchpoints zu kommen, kann als Methode Design Thinking durchgeführt werden. Üblicherweise erfolgt dies in Workshops, die ein oder mehrere Tage dauern. Für die Design Thinking-Workshops sollten viele betroffene Stakeholder beteiligt werden, um möglichst viele Ideen, Ansätze, Denkrichtungen und damit Impulse zu integrieren. Eingeladen werden können die Mitarbeiter*innen aus den unterschiedlichen am Prozess beteiligten Organisationseinheiten, die Bürger*innen und weitere betroffene externe Stakeholder wie Intermediäre, Mitarbeitende aus anderen beteiligten Behörden, aber auch Vertreter*innen aus dem Gemeinderat. Um neue Impulse zu erhalten, empfiehlt es sich, Menschen mit unverstelltem Blick und hoher Kreativität hinzu zu nehmen, die freies Denken gewohnt sind wie z. B. Start-ups, Personen aus der Kreativszene, Studierende aus anderen Bereichen. Aus allen Beteiligten werden Gruppen von sechs bis acht Personen gebildet, die während des Workshops zusammenarbeiten. Da für alle Zugangskanäle Lösungen erarbeitet werden sollten, empfiehlt es sich

B. Schenk und C. Schneider, *Innovative Services und Prozesse für Kommunen*, essentials, https://doi.org/10.1007/978-3-658-34091-9_4

mindestens zwei Gruppen je Zugangskanal einzusetzen. Dies erhöht die Anzahl und Wahrscheinlichkeit guter Ergebnisse.

Design Thinking kann als eine Innovationsmethodik betrachtet werden. Sie hilft, traditionelle Denk- und Arbeitsweisen zu überwinden und systematisch menschliche, geschäftliche und technische Faktoren bei der Problemformulierung, Problemlösung und Neugestaltung zu integrieren. (Reimann und Schilke 2011) Zwei „Räume", der Problemraum und der Lösungsraum, oder auch Problemerfassungsphase und Lösungsphase genannt, werden in jeweils drei Abschnitten durchlaufen. In den jeweiligen Abschnitten sind unterschiedliche Aufgaben zu bearbeiten, sowohl in Einzelarbeit, als auch in Teamarbeit. Die Zeitspanne, in der die gestellten Aufgaben erledigt werden, kann zeitlich entsprechend den Rahmenbedingungen der Beteiligten variiert werden. Manchmal können sich die Workshop-Teilnehmenden nur einen Tag hierfür frei nehmen oder können über eine Zeitspanne hinweg nur stundenweise mitarbeiten. Manchmal kann der Workshop nicht in Präsenz, also vor Ort stattfinden, sondern nur verteilt online. Sind alle Personen in einem Raum an einem Ort, kann tageweise gemeinsam gearbeitet werden. Wird online räumlich und zeitlich verteilt gearbeitet, können die gestellten Einzelaufgaben asynchron an unterschiedlichen Tagen erledigt werden und die Ergebnisse anschließend in gemeinsamen Teamsitzungen in Präsenz oder online zusammengetragen, ausgewertet und weiterverarbeitet werden. (Lewrick et al. 2018)

Bei der Entwicklung neuer Dienstleistungen ist es wesentlich, die gesamte Customer Journey – also „die Reise des Kunden" – zu erfassen. Beispielsweise hat unser Bürger eine Geldbörse gefunden und möchte diese ordnungsgemäß an den oder die Vorbesitzer*in zurückgeben. Der Finder muss sich kundig machen, wie er dies bewerkstelligen kann. Nachdem er weiß, wie es geht, wird er die einzelnen Aktivitäten durchlaufen oder vielleicht den kürzesten Weg nehmen und den Geldbeutel wegwerfen, wenn es ihm zu umständlich ist, ihn abzugeben. Ziel einer Customer Journey ist es, herauszufinden, was der Finder bei dem Versuch, die gefundene Geldbörse dem/der Vorbesitzer*in zugänglich zu machen alles erlebt. Dabei sind unterschiedliche Fragen zu beantworten: Wie kommt er an die Informationen, wie es geht? Wie schnell kann er die einzelnen Schritte erledigen? Wie passen die zu erledigenden Schritte in seinen Alltag? Was erlebt er im Kontakt mit den Verwaltungsmitarbeiter*innen? Welche Hürden muss er nehmen, was wird ihm leicht oder schwer gemacht? etc.

In der ersten Phase, der **Problemphase,** bearbeiten die Workshop-Beteiligten nochmals die als Design Challenge formulierte Fragestellung (siehe Abschn. 2.2) und schärfen diese jetzt nach, entsprechend ihrer neuen Erkenntnisse aus allen zuvor beschriebenen Gestaltungsschritten. In dem hier gewählten Beispielfall könnte die Design Challenge bleiben *(„Entwickeln Sie für die Bürger*innen den Bürgerservice 2035, der eine naht- und reibungslose Dienstleistungserbringung ermöglicht und die Bürger*innen so weit wie möglich integriert!")*, da sie eher allgemein gehalten und nicht spezifisch ist.

In der **ersten Teilphase** *Verstehen* setzen wir als erstes die Persona-Methode ein. Diese macht dort Sinn, wo der Erfolg einer Innovation oder eines Geschäftsprozesses von Menschen, ihren Bedürfnissen und ihrem Verhalten abhängt. Das kann beispielsweise bei der Nutzung einer Software oder Dienstleistung der Fall sein oder beim Kauf eines Produktes. So werden zunächst sogenannte Personas erstellt. Personas sind Nutzermodelle, die Personen einer Zielgruppe in ihren Merkmalen charakterisieren (siehe Abb. 4.1).

Beispielsweise werden alle Charakteristika von Bürger*innen zusammengetragen, die eine Geldbörse abgeben und finden möchten. So identifizieren die Workshopteilnehmer*innen alle relevanten Aspekte der Problemstellung. Hierzu können sie auf bereits vorhandene und ihnen bekannte Informationen zurückgreifen. Dies können einerseits ihre eigenen Erkenntnisse sein, die sie in den Mystery Shoppings und Callings gesammelt haben, aber auch Erfahrungen aus ähnlichen Bereichen, in denen die gleiche Fragestellung schon früher bearbeitet wurde (z. B. Versicherungen) oder Best Practice Beispiele aus anderen Kommunen oder Ländern, etc. (siehe z. B. Tab. 2.4).

Bei diesem ersten Schritt lautet der Arbeitsauftrag an die Beteiligten, die Begriffe zu malen, um die Teilnehmer*innen kreativer werden zu lassen und ein

Abb. 4.1   Persona-Plakat

facettenreicheres Denken zu ermöglichen. Auch wenn viele ungern die Begriffe
malen und meist danach fragen, ob sie nicht schreiben können, sollte der Arbeitsauftrag nicht abgeändert werden. Nach wenigen Minuten sind meist alle engagiert
mit dabei und die erste Hürde des Ungewohnten ist bereits genommen.

Tab. 4.1 gibt zusammenfassend einen beispielhaften Überblick über die
Schritte des Verstehens im Rahmen der Problemphase.

In der **zweiten Teilphase** *Beobachten* sind Interviews mit Bürger*innen zu
führen, um das bis dahin Erarbeitete zu überprüfen. Häufig taucht hier die Frage
auf, ob dies noch notwendig ist, da in den Mysteries viel Erfahrungen im Perspektivwechsel gesammelt wurden. Ja, dieser Teilabschnitt ist nach wie vor notwendig,
denn die Workshopteilnehmer*innen brauchen Rückmeldung zu den *jetzt* erarbeiten Aspekten im direkten Austausch mit Bürger*innen, die sich seither nicht mit

Tab. 4.1 Problemphase – *Verstehen*

Teilphase	Abschnitte
Verstehen Ein Problem kann nur dann nachhaltig gelöst werden, wenn es in seinen Zusammenhängen wirklich erkannt wird	a) Jede/r malt für sich alleine, ohne zu sprechen auf Klebezettel die Erwartungen/Wünsche/Vorstellungen der Bürger*innen und klebt diese auf ein vorbereitetes Persona-Plakat
	b) Gegenseitig berichten sich die Teammitglieder in knappen Worten, was sie sich überlegt haben und tragen alles auf einem gemeinsamen vorbereiteten Persona-Plakat ein
	c) Die Teammitglieder arbeiten heraus, was die Persona machen muss, um sein/ihr Anliegen erfüllt zu bekommen. Dabei wird das Zusammengetragene als Grundlage genommen und auf einem Template „wann", „Aktivität" und „relevantes Bedürfnis" eingetragen. -Die eingetragenen Schlagworte können durch Hinweise ergänzt werden, damit sie verstanden werden
Zwischenergebnis	Aufgedeckte Abhängigkeiten, in denen die Bürger*innen sich bewegen Stakeholder – wer ist involviert? Beziehungsnetzwerk – welche Beziehungen zwischen den Stakeholdern spielen eine Rolle? Welche Organisationsstrukturen bestehen, auf die die Bürger*innen treffen?

diesen Fragen beschäftigt haben. Diese zusätzlichen ungefilterten Rückmeldun-
gen helfen dabei, die im Workshop formulierten Annahmen über die Personas
(z. B. Bürger*innen, die eine Fundsache zurückgeben möchten) zu überprüfen.
Ziel ist es, die Vorstellungs- und Lebenswelten, Nutzungskontexte, Erwartungen
und Erfahrungen der potenziellen Nutzer*innen kennenzulernen.

Am einfachsten ist es, wenn für die Interviews eine längere Zeitspanne
von z. B. bis zu zwei Stunden eingeräumt wird, während der die Workshop-
Teilnehmenden auf der Straße Passanten hinsichtlich ihrer Annahmen befragen.
Diese Interviews sind für die Beteiligten eine innere Hürde, denn manche scheuen
sich davor, fremde Personen anzusprechen. In aller Regel kommen jedoch alle
zufrieden zurück, denn die Antworten enthalten immer neue Aspekte und über-
raschen manchmal sehr. Damit diese Phase gelingt, werden Interviewtandems
gebildet: eine Person für das Befragen und eine Person für das Notieren der Antworten. Anschließend werden die Interviewfragen zu den getroffenen Annahmen
und zu Aspekten, die wir zusätzlich wissen möchten, formuliert. Damit Passanten nicht erschrecken oder vorschnell ablehnen, lohnt es sich, kurz zu üben,
wie die Interviewer*innen sich und ihr Anliegen geschickt vorstellen können.
Danach geht es los. Mit Stift und Notizblock gehen die Tandems durch die Stra-
ßen der Kommune und befragen die unterschiedlichsten Personen. In aller Regel
wird hierfür eine gute Stunde angesetzt, damit mehrere Passanten befragt werden können. Haben alle Tandems diese Aufgabe erledigt, werden die Interviews
auf neue Erkenntnisse hin in den Kleingruppen ausgewertet und in die bisherigen
Betrachtungen einbezogen bzw. um diese ergänzt.

Tab. 4.2 gibt zusammenfassend einen beispielhaften Überblick über die
Schritte des Beobachtens im Rahmen der Problemphase.

In der **dritten Teilphase Synthese** erfolgt das Zusammenführen der Ergebnisse
aus den vorherigen rechercheorientierten Arbeitsschritten. Die Teams fokussieren
sich auf die aus ihrer Sicht vielversprechendsten Erkenntnisse und entscheiden, in
welche Richtung und für welche spezifischen Gesellschafts- bzw. Nutzergruppen und fiktive Einzelpersonen (Personas) sie im weiteren Verlauf Lösungen
entwickeln möchten.

Tab. 4.3 gibt zusammenfassend einen beispielhaften Überblick über das
Zusammenführen des Erlebten und der Erkenntnisse im Sinne einer Synthese im
Rahmen der Problemphase.

In der **Lösungsphase** ist die **erste Teilphase** die **Ideenfindung**. Hier gene-
rieren die Teams mithilfe verschiedener Kreativitätsmethoden zahlreiche Ideen.
Dabei geht es darum, möglichst quer zu denken und sich von bisherigen Mustern
zu lösen. Das ist nicht einfach.

Eine mögliche Kreativitätsmethode ist das Bilden von Assoziationen zu anderen Lebensbereichen. So kann z. B. die Frage „Wie könnten wir das Warten im

Tab. 4.2 Problemphase – *Beobachten*

Teilphase	Abschnitte
Beobachten	a) Charakteristika sowie Aktivitäten für die gewählte Zielgruppe „Persona" formulieren
	b) Interviews führen, d. h. Bürger*innen nach ihren persönlichen Erfahrungen, Gedanken, Gefühlen fragen. Das Ziel des Fragens sind konkrete Geschichten und die Bedürfnisse der Befragten, in Bezug auf die Dienstleistung z. B. „Fundsachen abgeben". Vorab müssen hierfür Fragen zu den Annahmen formuliert werden, um diese in Interviews überprüfen zu können. Anschließend wählen die Tandems Standorte für ihre Befragung aus. Achtung: nicht mehrere Tandems an einen Standort gehen lassen
	c) Vor Ort z. B. in den Bürgerservice gehen und beobachten, wie sich die Bürger*innen verhalten – z. B. wie bewegen sie sich in dem Umfeld, wie sprechen sie, was suchen sie, …
Zwischenergebnis	Neue ergänzende Erkenntnisse aus dem Gehörten, Beobachteten und Erlebten wie z. B. weitere Stakeholder, zusätzliche Beziehungen, weitere Anforderungen, etc.

Tab. 4.3 Problemphase – *Synthese*

Teilphase	Abschnitte
Synthese	Zusammenstellen des Gefundenen aus „Verstehen" und „Beobachten" anhand eines neuen Persona-Plakates Herausarbeiten der relevanten Aspekte, die im Folgenden konkret gelöst werden sollen Überarbeiten und ggf. Zusammenfassen von Problemen, Herausforderungen, Bedürfnissen, Zielen, Möglichkeiten
Zwischenergebnis	*Persona – fiktive Person:* Person – Name, Alter, Personenstand, Beruf, Persönlichkeit Bedürfnisse – soziale, individuelle, aktive, passive, verändern, bewahren Umfeld – Konventionen, Zeitgeist, Chancen, Hindernisse

Bürgerbüro angenehmer machen?" umformuliert werden in z. B. „Wie könnten wir dafür sorgen, dass das Warten im Bürgerbüro so interessant ist, wie ein Kinofilm?" Oder: „Wie könnten wir den Weg zum Bürgerservice *spielend*[1] ermöglichen?" Durch den veränderten Fokus analysieren wir ein anderes Problem,

---

[1] „spielend" im Sinne von leicht und einfach.

Tab. 4.4 Lösungsphase – *Ideen finden*

Teilphase	Abschnitte
Ideen finden	Herausarbeiten, welche Probleme, Hindernisse, Herausforderungen, Bedürfnisse, Ziele und Möglichkeiten bei der Ideenfindung eingehen und wofür Lösungen gesucht werden sollen. Folgende Leitfragen helfen dabei: • Wie lassen sich die Probleme und Hindernisse lösen, sowie Herausforderungen meistern? • Wie lassen sich die Bedürfnisse erfüllen? • Welche Lösung macht die erarbeitete „Persona" glücklich?
	Kombination von Kreativitätsmethoden: Brainstorming, Brainwriting, Assoziationsmethode, etc.
	Ergebnisse sichten und zusammenstellen. Herausarbeiten, mit welchen Ideen bzw. welcher Idee weitergearbeitet werden soll
Zwischenergebnis	Ideenliste als Lösungspool, Ausgewählte Idee, die weiter bearbeitet werden soll

bei dem es um Zeitvertreib, Unterhaltung und gute Laune geht – und beziehen es auf unser eigentliches Problem. Diese Assoziationen lassen uns auf neue Ideen kommen und kreativer werden.

Wichtig ist in dieser Teilphase der Ideenfindung, ausgewogen Methoden der stillen Eigenarbeit und der belebenden Teamarbeit einzusetzen. Damit können neben den extrovertierten auch die introvertierten Teilnehmer*innen ihre Gedanken entwickeln und einbringen. Dies erweitert das Ideenfeld. Tab. 4.4 gibt zusammenfassend einen Überblick über die Ideenfindung im Rahmen der Lösungsphase

Das Sichten und Zusammenstellen der Ergebnisse erfolgt in mehreren Schritten und basierend auf den erarbeiteten relevanten Kriterien aus der Problemphase. Die Workshop-Teilnehmer*innen gruppieren die Vielzahl an Ideen neu und fassen sie zusammen. Folgende Cluster können dabei beispielsweise gebildet werden: a) die einfache Umsetzbarkeit (sog. *quick-wins*), b) die vermeintlich am schwersten vorzustellende Idee, die einen visionären Blick in die Zukunft wirft (sog. *Moon Shot*) oder c) die Idee, die strategisch und hinsichtlich der Projektlaufzeit und vorhandenen Kapazitäten am vielversprechendsten wirkt (sog. *Most Promising*). Dabei werden alle Ideen immer wieder mit der zuvor erarbeiteten Persona mit ihren Bedürfnissen und ihren Problemen etc. abgeglichen. So stellen wir sicher, dass jede Idee nachvollziehbar ist, sowie maßgeschneidert auf die identifizierten Bedürfnisse, Probleme etc. passt.

Tab. 4.5 zeigt am Beispiel *Fundsachen* ein Cluster an Lösungsideen

Tab. 4.5 Übersicht über Lösungsideen

Quick wins	Most Promising	Moon-Shot
Nachhaltigkeit erhöhen: Plastiktüten vermeiden	Software zur Fundsachen-Verwaltung	Versteigerungs-System ähnlich eBay z. B
Lagerung im Fundamts-Keller	Abgabe-Boxen aufstellen	Finder*in trägt Gefundenes ein, Suchende suchen; Finder*in schickt Fundsache direkt an Suchenden
Kein Ausdruck der Fundanzeige, nur e-Akte, da keine Unterschrift des Finders notwendig ist	Anschaffung Tablets für das Ausfüllen der Empfangsbestätigung im Lager	
Keine Kopie der Fundanzeige	QR-Code pro Fundsache für die Einlagerung	
Fundsachen-App ähnlich Schadens-App entwickeln	Hybride Versteigerung (analog wie online können Gebote eingereicht werden)	
Fundsachen auf der Homepage tagesaktuell einstellen	Tablet für Online-Versteigerung im Info-Point installieren	
Polizeidienststelle erhält Zugang zur aktuellen Fundliste d. h. kann online darauf zugreifen	Polizeidienststelle erhält Zugriffsrechte auf digitale Fundsachen	
Versteigerungsinformationen auf die Homepage stellen		
Kontaktloses Zahlen		

Die Zusammenstellung wird als Letztes dazu verwendet, in den Workshop-gruppen darüber zu beraten, welche Ideen im nächsten Schritt bei der Erarbeitung eines Prototyps, also eines Modellentwurfs für eine Lösung einfließen sollen.

Nachdem jedes Team die Entscheidung getroffen hat, mit welcher bzw. welchen Ideen es in die Erarbeitung eines Prototyps gehen möchte, startet dieses in die **zweite Teilphase Prototyp-Erstellung** (siehe Tab. 4.6).

Ein Prototyp kann je nach Touchpoint und Anliegen unterschiedlichste Formen haben. Für einen Beratungs-Prototyp via Telefon oder vor Ort kann eine „Geschichte" geschrieben werden, die eine Beratung inklusive Dialoge etc. erzählt. Für die Selbstbedienung über das Internet kann eine Abfolge von Webseiten oder eine Abfolge von App-Seiten auf Papier skizziert werden, um zu verdeutlichen, welche Schritte mit welchen Inhalten und Funktionen den Kunden/Bürger*innen künftig zur Verfügung stehen sollen. Tabelle 4.7 zeigt beispielhaft die Abfolge

Tab. 4.6 Lösungsphase – *Prototyp-Erstellung*

Teilphase	Abschnitte
Prototyping	Entwerfen eines Prototyps z. B. für einen Touchpoint, ein neues Serviceangebot, ein neues Produkt
	Haptisch (Papier und Klebstoff, Knete, Lego, etc.) Visuell: Papier-Prototyping durch Malen, Zeichnen, Fotocollagen, Rollenspiele und Videos, etc.) Digitales Prototyping (Mockups, ppt-Animationen, etc.)
Zwischenergebnis	Prototypen

Tab. 4.7 Papier-Prototyp Verleih-App

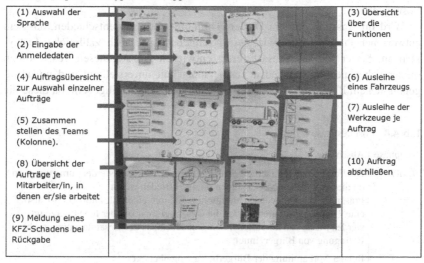

von Bildschirmen eines entstandenen Papierprototyps für eine Verleih-App für Bauhofmitarbeiter*innen, die später entwickelt und implementiert wurde.

Beim Bau des Prototyps ist das gemeinsame Verständnis der Kernfunktion (z. B. „Ausleihe" im Rahmen der Auftragsabwicklung im Bauhof), die mit den gewählten Ideen erfüllt werden soll, im Vordergrund. Die angestrebte Innovation wird dadurch direkt erlebbar bzw. greifbar.

Nachdem die Prototypen gebaut sind, schließt sich die **letzte Teilphase, das Testen,** an.

Jeder Prototyp wird in iterativen Zyklen mit den potenziellen Nutzer*innen, d. h. allen am Prozess Beteiligten, schon während der Workshopdauer getestet und je nach Ergebnis überarbeitet. Am Beispiel der „Ausleih-App" bedeutet dies hier, das den Bauhofmitarbeiter*innen die entworfenen Bildschirmseiten der App gezeigt werden und diese Rückmeldung geben können, ob sie diese für ihre Arbeit zweckmäßig finden oder noch etwas ergänzt oder verändert werden sollte. Ist hierfür keine Zeit, sollte mindestens ein Mal am Ende eines Design Thinking-Prozesses der Prototyp getestet werden. Wichtig ist, dass die Testergebnisse anschließend daraufhin analysiert werden, welcher der Prototypen und die dahinterliegenden Ideen am tragfähigsten die Bedürfnisse lösen. Dies bildet die Entscheidungsgrundlage dafür, was später tatsächlich produktreif entwickelt wird. Tab. 4.8 gibt zusammenfassend einen Überblick über das Testen in der Lösungsphase

Wird im Anschluss an ein Design Thinking-Workshop entschieden, dass ein entworfener Prototyp umgesetzt wird, schließen sich noch zahlreiche Testzyklen an, bis er für den Einsatz fertig entwickelt ist. An diesen Tests sollten immer neben neu zu suchenden Testpersonen mit unverstelltem und unvoreingenommenem Blick auch Workshop-Teilnehmer*innen beteiligt sein, da diese die

Tab. 4.8 Lösungsphase – *Testen*

Teilphase	Abschnitte
Testen	Die Frage „Wie gut ist die Lösung?" muss beantwortet werden, um zu wissen, ob die zukünftigen Nutzer*innen damit zufrieden wären Präsentieren und Feedback sammeln – a) durch einen Elevator-Pitch – also eine 3-min-Präsentation, in der die Gesamtgruppe von der Idee überzeugt werden muss, und anschließendem Feedback aus der Gesamtgruppe und b) Befragung von Bürger*innen
	Bei der Vorbereitung der Bürgerbefragung überlegen: • Wo finden wir Testkunden bzw. wie kommen wir an diese heran? • Wie lässt sich der Test am besten durchführen und wie lange? • Welche Informationen brauchen die Test-Kunden? • Wie sammeln und dokumentieren wir das Feedback?
	Reflektion – nach dem Testen: Alle Ergebnisse zusammentragen, clustern, diskutieren und Möglichkeiten der Einarbeitung analysieren. Bewertung: War/ist der Prototyp erfolgreich oder nicht
Ergebnis	Entweder: fertiger Prototyp, der weiter ausgearbeitet wird Oder: Entscheidung, erneut mit einer anderen Idee an den Start zu gehen

Ursprungsidee nicht aus den Augen verlieren und damit wertvolle Feedbackge-
ber*innen sind. So kann der Prototyp Schritt für Schritt verbessert werden und
trifft bei Produktreife die Erwartungen der Nutzer*innen. Damit soll garantiert
werden, dass diese das Produkt bzw. den Service auch nutzen. Bei physischen
Produkten werden überprüft: die Kernfunktion, technische Umsetzbarkeit und
die intuitive nutzerfreundliche Bedienung bzw. Handhabung. Bei Dienstleistungen untersucht man, ob diese passgenau sind, erweitert oder verändert werden
müssen.

4.2 Design Thinking – Bürgerfreundliche und mitarbeiterorientierte Dienstleistungserbringung

Normalerweise nimmt man bei der Entwicklung innovativer Services und Produkte zu Beginn allein die Sichtweise der Bürger*innen ein. Doch in der
öffentlichen Verwaltung steht und fällt die Umsetzung von Innovation bzw. innovativen Ansätzen mit der Begeisterung der Verwaltungsmitarbeiter*innen. Möchte
man von Anfang an auch die Mitarbeitersicht stärker einbeziehen, kann der
gesamte Design Thinking-Ablauf in der Problemphase gesplittet werden in zwei
Abschnitte: Die Bearbeitung der Bürgersicht und die Bearbeitung der der Mitarbeitersicht. Das bedeutet, dass alle Schritte der Problemanalyse mit der gleichen
Design-Challenge zwei Mal hintereinander oder parallel in getrennten Gruppen
bearbeitet werden, um sowohl Lösungsideen für die Bürger*innen, als auch für
die Mitarbeiter*innen zu entwickeln.

Organisatorisch können die einzelnen Teilphasen aus Bürger- bzw. Mitarbeiterperspektive an unterschiedlichen Tagen durchlaufen werden. Wenn die gleiche
Gruppe an beiden Perspektiven arbeitet, sollte zuerst die Bürgersicht im Mit-
telpunkt stehen. Andernfalls könnte die Mitarbeitersicht bei der letztendlich zu
entwickelnden Lösung stärker Berücksichtigung finden, da üblicherweise das Per-
sonal einer Behörde bzw. Kommune die Mehrzahl der Teilnehmer*innen im
Workshop stellt.

Für die Abfolge gibt es ebenfalls zwei Alternativen. Zum einen kann der
gesamte Design Thinking-Ablauf jeweils bis zum Ende durchgeführt werden.
Zum anderen kann die Ideen-Findungsphase zusammengefasst werden, nachdem
sie für beide Nutzergruppen abschlossen ist. Dann werden im ersten Schritt die zu
lösenden Probleme aus der Bürger- wie auch der Mitarbeitersicht jeweils gesich-
tet und die dahinterliegenden zu lösenden Probleme transparent gemacht. Es kann
sein, dass sich Überschneidungen in Lösungsideen finden, die für beide Nutzergruppen gewinnbringend sind. Für die Teilphasen Prototyping und Testen geht

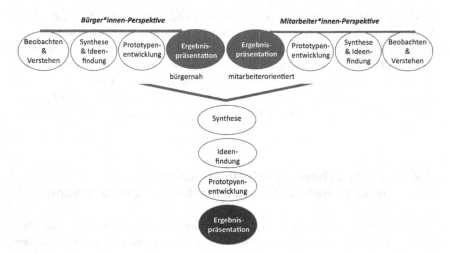

Abb. 4.2 Ablauf eines Design Thinking-Prozesses zu Integration der Bürger- und Mitarbeiterperspektive

der Prozess dann mit den Ideen, die für beide Nutzergruppen Vorteile bringen, wie zuvor beschrieben weiter.

Ggf. können bei paralleler Bearbeitung der Bürger- und Mitarbeiterperspektive dann auch beide Sichtweisen für die Lösungsphase zusammengefasst werden und gemeinsam weiterarbeiten.

Abb. 4.2 skizziert grob den Ablauf dieses Design Thinking-Prozesses aus Bürger- und Mitarbeitersicht.

Entwicklung eines Zukunftskonzeptes 5

Schritt 4 der Innovativen Prozessmodellierung:

Aus allen vorangegangenen Schritten sind Teil-Ergebnisse wie die Design Challenge (Kap. 2), Zukunftsszenarien (Abschn. 2.1 und 2.2, Tab. 2.8), das Werteversprechen (Abschn. 2.2, Tab. 2.7) und die Prototyp-Lösungsideen (Kap. 4, Tab. 4.5) entstanden, die zu guter Letzt in einem Gesamtentwurf, dem Zukunftskonzept, zusammengeführt werden müssen (siehe Abb. 5.1).

Für das komplette Zukunftskonzept werden als erstes die Zukunftsszenarien zusammenfassend überarbeitet. Sie sollen die Entlastung der Mitarbeiter*innen wie auch Bürger*innen verdeutlichen (siehe Tab. 5.1). Danach werden für die unterschiedlichen Kommunikations- und Interaktionskanäle die Touchpoints auf der Basis der Design Thinking-Ergebnisse zusammengestellt. Jetzt wird überprüft, ob für alle Arten – Homepage, Mobile Apps, Telefon und vor Ort – die für die Bearbeitung notwendigen Daten zur Verfügung stehen und wie diese aufbereitet sein müssen, um anschließend weiter verarbeitet werden zu können.

Die Touchpoints werden als Ausgangspunkt für die Soll-Prozess-Entwicklung berücksichtigt. Denn bei der Soll-Prozess-Entwicklung werden ausgehend von diesen alle Aktivitäten modelliert, die nacheinander von den am Geschäftsprozess beteiligten Personen erledigt werden müssen, um das gewünschte Ergebnis zu erreichen. Dabei werden die dahinter liegenden digitalisierten (Teil-)Geschäftsprozesse auch mit Blick auf mögliche Automatisierung entworfen. Die erstellten Ist-Prozesse treten in den Hintergrund bzw. spielen jetzt keine Rolle mehr. Sie würden den Blick nur einengen und zu kleinen Optimierungen verleiten. Die wirklichen Verbesserungspotenziale werden aber in der Neugestaltung gehoben. Bei der Entwicklung der Soll-Prozesse darf es keine Vorgaben geben. Selbst rechtliche Aspekte sollten im ersten Schritt keine Denkgrenze darstellen, denn manches Mal lösen sich diese Grenzen im Verlauf auf oder werden

© Der/die Autor(en), exklusiv lizenziert durch Springer Fachmedien Wiesbaden GmbH, ein Teil von Springer Nature 2021
B. Schenk und C. Schneider, *Innovative Services und Prozesse für Kommunen*, essentials, https://doi.org/10.1007/978-3-658-34091-9_5

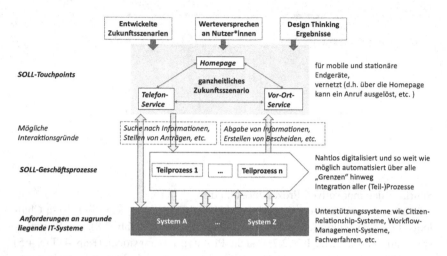

Abb. 5.1 Von den Einzelergebnissen zum Zukunftskonzept

Tab. 5.1 Gegenüberstellung der Ist- und Soll-Prozess-Schritte

	IST	SOLL
1	Aufnehmen der Daten im Papierformular	Entfällt
2	Unterschrift der Finder*in	Entfällt
3	Aufnahme der Fundsache in Fundsachenmaske	Aufnahme der Fundsache in Fundsachenmaske/entfällt bei Online-Fundsachenmeldung
4	Kopie der Fundannahme erstellen	Entfällt
5	Kopie an Bürger*in aushändigen	Entfällt
…		

aktiv aufgelöst, wenn die entsprechend zuständigen Stellen der Gesetzgebung auf problematische Aspekte aufmerksam gemacht werden.[1]

---

[1] So z. B. in anderen EU-Ländern, die seit Jahren an der Digitalisierung ihrer Geschäftsprozesse und der Entwicklung von online-Services arbeiten. Siehe hierzu: Millard, J. et al. (2004) Reorganisation of Government Back Offices for Better Electronic Public Services – European Good Practices (Back-office Reorganisation). Final report, Vol. 3, Annex 6.

Die Analyse der Ist-Prozesse war lediglich notwendig, um die momentane Arbeitsweise zu verstehen und Schwachstellen wie Probleme zu identifizieren. Diese wurden ja in der Problem- und Schwachstellenliste festgehalten (vgl. Abb. 3.4). Sie dienen nur noch zur Überprüfung, ob alle Hürden und erkannten Schwachstellen der Ist-Prozesse beseitigt sind bzw. sich nicht im neuen Soll-Prozess wiederholen.

Sind alle Soll-Prozesse entwickelt, müssen diese übersichtlich in einer Prozesslandkarte dargestellt werden, um deren Zusammenspiel zu dokumentieren. Steht das Zukunftskonzept, muss es umgesetzt werden in Phasen und Maßnahmen der Implementierung. Diese gesamtkonzeptionelle Denkweise und die sich anschließende Implementierungsperspektive fordern alle an der Gestaltung Beteiligten heraus.

Am Beispiel der Fundsache, wird die Komplexität der Erstellung des Zukunftskonzeptes verdeutlicht:

Entscheiden sich bei der Neugestaltung die Mitarbeiter*innen dafür, dass der Geschäftsprozess „Fundsache annehmen" über die Webpage, per Fundsachen-App oder Telefon, Vorort-Besuch im Fundamt oder Vorort-Abgabe über einen Fundsachenbriefkasten am Rathaus abgegeben werden kann, muss für alle Touchpoints ein Szenario entwickelt werden. Für jeden dieser Touchpoints muss der Annahmeprozess als Soll-Prozess modelliert werden. Unabhängig vom gewählten Touchpoint muss sichergestellt sein, dass alle für die Bearbeitung einer Fundsache notwendigen Daten bei der Abgabe erfasst werden.

In diesem Fall braucht es bei der Abgabe einer Fundsache eine ausführliche Beschreibung des Gegenstandes, einen Fundort, Fundzeitpunkt und -datum, den Hinweis, ob die Finder*innen den Gegenstand bei Nichtabholung später erhalten möchten sowie deren persönliche Daten für eine Benachrichtigung hinsichtlich Abholung und/oder Finderlohn. Wird hierfür eine Webpage oder eine Fundsachen-App entworfen, muss das online-Formular entsprechend diese Daten abfragen und für die Bürger*innen einfach zu bedienen sein.

Dieses online-Fundsachen-Formular kann eventuell von allen genutzt werden, die mit der Abgabe von Fundsachen zu tun haben: a) von den Finder*innen online, b) von Mitarbeiter*innen, die die Fundsachenmeldung telefonisch oder persönlich im Servicebüro entgegen nehmen und auch c) von einer Polizeidienststelle, bei der ebenfalls Finder*innen ein Fundstück abgeben wollen.

Wird darauf geachtet, dass alle Stellen das gleiche Formular nutzen, kann eine Mitarbeiter*in auch leichter telefonisch beim Ausfüllen eines Formulars helfen, da sie es selbst kennt. Variieren die Formulare, kann es passieren, dass die Mitarbeiter*innen nur die internen Masken für die Datenerfassung kennen, das online-Formular oder die online-Maske für den/die Bürger*in hingegen nicht. Dies beeinträchtigt die Hilfestellung erheblich.

Sind die Zukunftsszenarien und Geschäftsprozesse erstellt, schließt sich ein Workshop an, in dem das gesamte Zukunftskonzept vorgestellt und diskutiert wird. Hierfür sind alle Ergebnisse so aufzubereiten, dass sich die Mitarbeiter*innen wie auch die extern Beteiligten mit ihren Anregungen und Lösungen für ihre Probleme schnell eindenken können und auch wiederfinden. Dies kann erreicht werden, indem z. B. die Prozesslandkarte vorgestellt und ein Zukunftsszenario anhand einer Customer Journey erzählt und beschrieben wird. Durch die Customer Journey wird die schrittweise Erledigung eines Kundenanliegens beginnend bei den Touchpoints, über alle Bearbeitungsschritte anhand der Soll-Prozesse bis hin zum Endergebnis erzählt. Abschließend können dann noch die Problemlisten zum Abgleich der gelösten Probleme durchgegangen werden, um zu verdeutlichen, was sich für die Mitarbeiter*innen verbessert hat (siehe Tab. 5.1) etc.

Wer sollte dieses Zukunftskonzept als zusammenfassender Gesamtentwurf entwickeln? Diese konzeptionelle Arbeit erfordert die Fähigkeit des komplexen Denkens und das Erkennen von Gesamtzusammenhängen, ein akribisches Zu-Ende-Denken sowie Kreativität und die Fähigkeit, vom Zukunftskonzept als Gesamtentwurf herkommend auf die Gegenwart bezogen erste Umsetzungsschritte zu entwickeln. Deshalb sollten dies verwaltungsintern Personen mit entsprechender Qualifikation wie einem Hochschulstudium sowie innovativem Mindset und Grundhaltung sein. Sie sollten aber auch Erfahrung mit diesen Schritten haben. Sind keine Vorerfahrungen in Geschäftsprozessentwicklung und -gestaltung vorhanden, sollten sie sich ergänzend zu den einzelnen Phasen methodisch weiterbilden und oder Hilfe durch Berater*innen aus den Hochschulen oder Organisationsentwicklungsunternehmen hinzunehmen.

Implementierung 6

Schritt 5 der Innovativen Prozessmodellierung:
Da erfahrungsgemäß die Umsetzung der Implementierung schwierig ist, sollte abschließend ein Projektplan aufgelegt werden, der das weitere Vorgehen beschreibt, Meilensteine verdeutlicht und aufzeigt, welche Quick wins kurzfristig umgesetzt werden können. Dieser motiviert die Mitarbeiter*innen den Weg mitzugehen, denn dann erkennen sie, dass all das bisher Geleistete an Zusatzarbeit nicht versackt, sondern auch tatsächlich ins Leben kommen wird.

Bei der Implementierung sollte auf Methoden und Techniken des Projektmanagements zurückgegriffen werden und auch Aspekte des Changemanagements berücksichtig werden.

B. Schenk und C. Schneider, *Innovative Services und Prozesse für Kommunen*, essentials, https://doi.org/10.1007/978-3-658-34091-9_6

Zusammenfassung und Ausblick 7

Beim Lesen dieses Essentials sind die mit der innovativen Service-Entwicklung und Modellierung der Geschäftsprozesse verbundenen Erfolgsfaktoren sicherlich deutlich geworden. Kompakt zusammengefasst waren dies folgende:

Die Zukunftsorientierung zieht sich, basierend auf Trends und Entwicklungen in der Umwelt, durchgängig durch alle Schritte hindurch. Sie setzt die notwendigen Impulse, um bei dem Design neuer Services wie auch Produkte und der darunterliegenden Geschäftsprozesse konsequent nachhaltige Lösungen zu entwickeln anstatt bei den kurzfristigen naheliegendsten Lösungen stecken zu bleiben.

Die *Veränderung,* ausgelöst durch die digitale Transformation oder andere Megatrends, **setzt immer am Alltag** der Bürger*innen und Mitarbeiter*innen **an** und geht in der Lösung weit in die Zukunft.

Die umfassend tiefgründige Problemanalyse ist ein Garant dafür, dass sich ein ebenso tiefgründiges Verständnis entwickelt, durch das gesamtheitlich übergreifende Lösungen entstehen, die nicht an den eigenen Denk-, Abteilungs-, Amts- oder Behörden- und sogar Rechtsgrenzen enden.

Der kontinuierliche Perspektivwechsel zwischen Bürger- und Mitarbeitersicht macht die an der Neugestaltung Mitarbeitenden empathischer und der eigene Blickwinkel erweitert sich dergestalt, dass die entstehenden Lösungen gleichzeitig bürgerorientiert sind und die Verwaltungsmitarbeiter*innen entlasten.

*Die konsequente **Berücksichtigung von Elementen des Change Managements,*** wie die Berücksichtigung der Verwaltungsmitarbeiter*innen garantiert, dass diese nicht in den Widerstand gehen oder erstarren. Stattdessen werden sie schrittweise mitgenommen und können bei der Implementierung des Neugestalteten stolz mitgehen. Interne Formate, die einen offenen Diskurs fördern, das freie „Spinnen" von Ideen unterstützen und Lust auf die Zukunft machen, sind dabei wichtig.

© Der/die Autor(en), exklusiv lizenziert durch Springer Fachmedien
Wiesbaden GmbH, ein Teil von Springer Nature 2021
B. Schenk und C. Schneider, *Innovative Services und Prozesse für Kommunen,*
essentials, https://doi.org/10.1007/978-3-658-34091-9_7

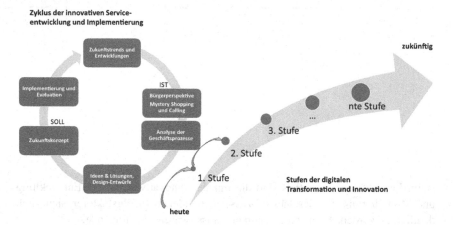

Abb. 7.1 Innovative Service-Entwicklung als dauerhafter Anpassungsprozess

Die Maßnahmenorientierung mit straffem Zeitmanagement setzt die nötigen Anker für ein Umsetzungscontrolling, das sonst häufig recht stiefmütterlich behandelt wird. Eine tiefe und schnelle Analysephase, sowie eine zügige Umsetzung sind Erfolgsgaranten für die digital transformierten Geschäftsprozesse. Sich zu lange hinziehende Untersuchungen und Implementierungen belasten alle, der Elan verpufft und unter Umständen versanden die Aktivitäten.

Erfolg messen und sichtbar machen ist ein Garant dafür, dass die Mitarbeiter*innen auch künftig bei Veränderungen mitgehen. Wird deutlich spürbar und sichtbar, dass sich der Mehraufwand lohnt, entsteht Motivation für alle weiteren notwendigen Anpassungen an Umwelteinflüsse und -veränderungen.

Da durch Veränderungen im näheren Umfeld und global in der Umwelt, neue Entwicklungen und Trends beständig Anpassungsbedarf existiert, kann die hier vorgestellte Methodik als ein dauerhafter Prozess in einer Organisation implementiert werden. Zum einen stärkt sie die Innovationskraft und zum anderen erleichtert sie es, auf neu auftretende Anforderungen an die Produkt- bzw. Dienstleistungserbringung zu reagieren. Denn auch die digitale Transformation ist nicht mit einem Schritt in die Zukunft abgeschlossen, sondern erfordert beständige Veränderung, da sie uns immer wieder neue Möglichkeiten der Gestaltung von Touchpoints und Leistungserbringung bietet (siehe Abb. 7.1).

Was Sie aus diesem *essential* mitnehmen können

- Kenntnis über die Methodik der Innovativen Prozessentwicklung für neue Services inklusive der Schnittstellen zu Bürger*innen und die Gestaltung der dahinterliegenden, digital transformierten Geschäftsprozesse
- Hintergrundwissen zu Stolpersteinen und Hindernissen bei der Umsetzung der Methodik
- Detailkenntnisse zu den einzelnen Schritten der Methodik über Erklärungen mit Beispielen
- Anregungen, wie sowohl die Bürger- als auch die Mitarbeiterperspektive gewinnbringend in eine Neugestaltung integriert werden können.

Literatur

Becker J, Knackstedt R (2002) Prozess- und Informationsmanagement für das CRM. In: Ahlert D, Becker J, Knackstedt R, Wunderlich, M (Hrsg.) Customer Relationship Management im Handel. Roland Berger-Reihe: Strategisches Management für Konsumgüterindustrie und -handel. Springer, Berlin, Heidelberg. https://doi.org/10.1007/978-3-642-55959-4_7

Becker J et al. (2015) Service Design. Springer Gabler, Berlin, Heidelberg

Berghaus S, Back A (2019) States in Digital Business Transformation: Results of an empirical Maturity Study. In MCIS Proceedings 22, 22.1.2019

Bieger Th, Reinhold St (2011) Das Wertbasierte Geschäftsmodell – Ein aktualisierter Strukturierungsansatz. In: Bieger Th, zu Knyphauser-Aufseß D, Krys Chr (Hrsg.) Innovative Geschäftsmodelle. Springer, Berlin Heidelberg, S 13–70

Deutsches Institut für Normung e. V. DIN-Fachbericht 158 (2009) Modell zum prozessorientierten Vorgehen in der öffentlichen Verwaltung. Beuth

GI E-Government Forschungsplan (2005) http://www.kommune21.de/meldung_4880_Forschungsplan+f%C3%BCr+E-Government.html. Zugegriffen 02.04.2014

Gadatsch A (2020) Grundkurs Geschäftsprozess-Management. Analyse, Modellierung, Optimierung und Controlling von Prozessen. 9. Aufl., Springer-Viehweg, Berlin

Gouthier M (Hrsg.) (2017) Service Design, Innovative Services und exzellente Kundenerlebnisse gestalten. Nomos, 1. Aufl.

Hammer M, Champy J (1994) Business Reengineering, die Radikalkur für das Unternehmen. 4. Aufl., Frankfurt/Main, New York

Hammerschmid G (2017) Vom Wunsch zur Wirklichkeit: Drei Schritte zur Digitalen Verwaltung. *Trend.*

Hilbrecht H, Kempkens O (2013) Design Thinking im Unternehmen – Herausforderung mit Mehrwert. In: Keuper F, Hamidian K, Verwaayen E, Kalinowski T, Kraijo C (Hrsg.) Digitalisierung und Innovation. Springer Gabler, Wiesbaden. https://doi.org/10.1007/978-3-658-00371-5_18

Hill H (2002) Electronic Government – Strategie zur Modernisierung von Staat und Verwaltung, In: Aus Politik und *Zeitgeschichte*, Bd 39–40, S 24–36

Klös H-P (2020) Nach dem Corona-Schock: Digitalisierungspotenziale für Deutschland. IW-Policy Paper 14 https://www.iwkoeln.de/fileadmin/user_upload/Studien/policy_papers/PDF/2020/IW-Policy-Paper_2020_Digitalisierungspotenziale_nach_Corona.pdf

Kraemer K L, King J L (2003) Computers and administrative reform: Will the time after e-Government be different?

Lankshear C, Knobel M (Hrsg.) (2008) Digital literacies: concepts, policies and practices. Peter Lang, New York

Lenk K (2007a) Reconstruction Public Administration theory from belwo. *IP*, 12(4):207–212

Lenk K (2007b) Bürokratieabbau durch E-Government. Handlungsempfehlungen zur Verwaltungsmodernisierung für Nordrhein-Westfalen auf der Grundlage von Entwicklungen und Erfahrungen in den Niederlanden. Ein Gutachten im Rahmen der wissenschaftlichen Begleitforschung des Informationsbüros d-NRW. Düsseldorf

Lewrick M, Link P, Leifer, L (Hrsg.) (2018) Das Design Thinking Playbook. 2. überarb. Aufl., Vahlen

Malorny, C (1996) Einführen und Umsetzen von Total Quality Management. Dissertation, Universität Stuttgart, Fraunhofer IRB

Reimann M, Schilke, O (2011) Differentiation by Aesthetic and Creative Design. A Psychological and Neural Framework of Design Thinking. In: *Meinel C, Leifer L* (Hrsg.) Design Thinking: Understand–Improve–Apply, Heidelberg et al., S 45–56

Scheer A-W (2002) ARIS – Vom Geschäftsprozess zum Anwendungssystem. Springer, Berlin Heidelberg, https://doi.org/10.1007/978-3-642-56300-3

Schenk B (2018) Digitale Transformation in der öffentlichen Verwaltung. In: Böhmer, Kegelmann, Kientz (Hrsg.) *Rechnungswesen und Controlling*, Haufe, 4, S 753–770

Schenk B, Dolata M, Schwabe Ch, Schwabe,G (2021) What citizens experience and how omnichannel could help – insigts from a building permit case. Information, *Technology & People*, im Erscheinen

Schneider C, Schenk B, Kraus, St (2020) Start-Up Städtischer Bauhof. Mit-Services und agilen Strukturen auf dem Weg in die digitale, kommunale Zukunft. Springer Gabler

Schwabe G, Krcmar H (1996) Der Needs Driven Approach – Eine Methode zur bedarfsgerechten Gestaltung von Telekooperation. In: Krcmar H, Lewe H, Schwabe G (Hrsg.) Herausforderung Telekooperation. Informatik aktuell. Springer, Berlin, Heidelberg, S 69–87. https://doi.org/10.1007/978-3-642-80296-6_5

Streicher H W (2020) Digitale Transformation in der öffentlichen Verwaltung: Praxishandbuch für Projektleiter und Führungskräfte. Springer, Berlin, Heidelberg

Wells J D, Fuerst W L, Choobineh J (1999) Managing information technology (IT) for one-to-one customer interaction, *Information & Management*, 35(1):53–62, https://doi.org/10.1016/s0378-7206(98)00076-7

Printed in the United States
by Baker & Taylor Publisher Services